AF587061

Lectura contemporánea de los clásicos

Saúl López Noriega y Rodolfo Vázquez
COORDINADORES

¿Por qué leer a Rabasa hoy?

MONTABER

¿Por qué leer a Rabasa hoy?

Jesús Silva-Herzog Márquez
José Antonio Aguilar
Pablo Mijangos

MONTABER

Colección: Lectura contemporánea de los clásicos

¿Por qué leer a Rabasa hoy?
1.ª edición (2011), 2.ª edición (2016), Distribuciones Fontamara, SA, México,
ISBN 978-607-736-339-2
3.ª edición, octubre 2024

Edita: Montaber
Director editorial: David Soler
Brutau, 160 – 08203 Sabadell (Barcelona)
Tel. 931 429 486 – montaber@montaber.es
www.montaber.es

ISBN: 978-84-10238-54-1

Presentación

Lectura Contemporánea de los Clásicos es un proyecto que surge de la inquietud por analizar la obra de destacados pensadores de la filosofía jurídica y política, y releerla a partir de los retos de las sociedades modernas. La idea es despertar la curiosidad por los clásicos, discutir su obra e insertarla en el debate contemporáneo, siguiendo siempre la máxima de Ítalo Calvino: "Un clásico es un libro que nunca termina de decir lo que tiene que decir".

Esta relectura, sobra subrayarlo, no pretende sacralizar autores, ni convertir libros en escrituras sagradas. El propósito, por el contrario, es una revisión fresca y crítica del edificio teórico y conceptual de cada obra, sin olvidar el otro gran objetivo de la colección: los nuevos desafíos que enfrentan las democracias modernas y, en concreto, las asignaturas pendientes de la incipiente democracia mexicana. ¿Qué nos dicen los clásicos respecto de los poderes privados, el dinero en los procesos electorales, así como de los fenómenos de migración y pobreza? ¿Cuáles son las lecciones que pueden aprender la joven democracia mexicana para sortear su maltrecho federalismo, su enclenque Estado de derecho y su frágil economía? ¿Qué provecho podemos obtener de los aciertos y visiones, pero también de los errores y miopías de los pensadores clásicos?

Con este libro, *Lectura Contemporánea de los Clásicos* da continuidad a una serie de ensayos con el ánimo de que coadyuven a la discusión de estas y otras interrogantes que giran alrededor de los problemas sociales actuales; inviten a plantear y desarrollar los aspectos más relevantes del pensamiento de cada autor y, en última instancia, fomenten esa tradición que nutre sus meditaciones, propuestas y debates, a partir de los pensadores clásicos.

La pregunta que nos planteamos es simple pero fundamental: ¿Por qué leer hoy a Rabasa? ¿Qué sentido tiene, en los albores del siglo XXI, acercarse a la obra de este singular jurista tan cercano también a la historia, la literatura y el periodismo? Ésta fue el interrogante que lanzamos a tres agudos estudiosos de la obra de Emilio Rabasa. El resultado de esta reflexión se encuentra precisamente a lo largo de las páginas de esta compilación.*

Jesús Silva-Herzog Márquez realiza un interesante recorrido por las diferentes expresiones de la obra de Rabasa, sin dejar de ofrecernos esbozos de la personalidad de este jurista de origen chiapaneco. En ese paseo podemos ver las diversas facetas de Rabasa: un abogado riguroso capaz del más fino análisis jurídico, junto a un novelista de cortos alcances artísticos pero de profunda mirada sociológica para diseccionar las contradicciones y matices de la sociedad mexicana, sin olvidar al historiador consciente de la

* Los textos presentados en esta edición fueron leídos en la mesa redonda "¿Por qué leer a hoy a Emilio Rabasa?", que se llevó a cabo en el Instituto Tecnológico Autónomo de México (ITAM), Ciudad de México, el 16 de noviembre de 2007.

necesidad de estudiar el pasado para entender los vaivenes presentes del poder y la política.

Como botón de muestra de las no pocas lecciones que Silva-Herzog Márquez considera que hoy en día podemos exprimir de la obra de Emilio Rabasa, se encuentra una de suma importancia: la manera de entender y leer el texto constitucional. No como un listón de buenos deseos, tampoco como un ramillete de flores que admiramos cursimente, sino como un conjunto de reglas cuyo diseño y aplicación deben tener siempre un pie en la historia para cumplir su principal objetivo: asir el poder.

> En 1912 Emilio Rabasa pintó a la Constitución como un enigma. "Se la amaba como símbolo, pero como ley era desconocida por todos." La Constitución de 1857 era un ídolo, no una norma. Según don Emilio, sus disposiciones ilusas quedaron aplastadas por la dura necesidad. El más grande de nuestros constitucionalistas ciertamente defendía al dictador que supo poner orden en esta tierra de anarquía, pero no sugería en forma alguna la continuación de ese régimen. Todo lo contrario: llamaba precisamente a la inauguración de la "etapa constitucional". A eso convoca su obra clásica: la instauración del régimen constitucional. Tras el fin del partido hegemónico podría decirse algo similar: la constitución, esa desconocida. A la Constitución de 1917 se le adora, pero se le desconoce. Podríamos recitar sus artículos ignorando, al mismo tiempo, sus consecuencias. Durante años México ha vivido la adulteración del constitucionalismo. La Constitución auténtica, es decir, la norma que funda y limita el poder político del Estado, permanece prácticamente desconocida.

El ensayo de Pablo Mijangos pone el acento en dos pilares metodológicos del pensamiento rabasiano: el rigor y la precisión en el uso del lenguaje y la lectura histórica y pragmática de las instituciones jurídicas. A partir de estos aspectos, Mijangos presenta una severa y acertada crítica al gremio de los abogados en nuestro país. Por un lado, se trata de una profesión que ha entendido al lenguaje no como un instrumento para explicar de manera clara y lógica la compleja realidad jurídica propia de una sociedad pluralista, sino como una retahíla de muletillas barrocas, oscuras y pedantes que poco ayudan a la comprensión de las reglas que nos obligan a todos. Y por el otro, los abogados han leído a las normas jurídicas meramente desde su perspectiva abstracta y atemporal sin conectar a éstas con la realidad. Y más importante aún: olvidando que lo más significativo de las normas jurídicas es transformar precisamente esa realidad siguiendo ciertos objetivos mínimos de organización social. Dice Pablo Mijangos:

> me parece que la obsesión rabasiana por el uso correcto del lenguaje debería ser, también hoy, una de nuestras preocupaciones principales. Hace ya mucho tiempo que la literatura jurídica mexicana dejó de formar parte de la república de las letras, aislándose en una prosa a veces impenetrable y repleta de arcaísmos, y otras lindante con lo cursi y el mal gusto. La democracia exige de nuestros abogados un nuevo lenguaje, que prescinda de formalismos inútiles y favorezca la comprensión de las reglas que nos obligan a todos. No se trata ya de exigir elegancia y concisión en el estilo, como hubiera querido Rabasa, sino de reclamar un mínimo de lógica, pulcritud y transparencia en el lenguaje forense y en los textos legislativos [...] La historiografía jurídica mexicana siguió un cauce similar, pues, salvo contadas excepciones, se limitó al estudio de los ancestros venerables de nuestras instituciones, ofreciendo a lo mucho una breve sinopsis de leyes y constituciones antiguas. Al divorciar el derecho de su contexto histórico, se asumió que las normas jurídicas son un objeto de estudio abstracto y atemporal, y que la historia social y política de México podría ser explicada sin hacer referencia al derecho, cuyo

único papel sería en todo caso el de legitimar formalmente una realidad moldeada por fuerzas económicas profundas.

Por último, José Antonio Aguilar Rivera explica una situación curiosa en la obra de Rabasa: no pocas de sus fuentes intelectuales, de los autores que siguió, fueron poco populares o anacrónicos al momento de que definiese sus principales ideas. Esto se debe probablemente a la independencia de quien fuese también gobernador del estado de Chiapas al momento de tejer los mismos. Pues uno de sus rasgos clave, a juicio de Aguilar Rivera, consistió en: "mirar críticamente la tradición propia sin sucumbir a la admiración simplona de lo ajeno". Algo que urge rescatar en un mundo académico, como el mexicano, que en buena medida en los últimos años se ha nutrido de manera irreflexiva de autores y libros extranjeros sin molestarse en entender nuestra circunstancia.

Jesús Silva Herzog-Márquez*

Caminar por los territorios del pensamiento constitucional mexicano es acercarse a las fracturas profundas de nuestra vida pública. No es necesario penetrar muy hondo en el pasado. Un simple vistazo a nuestro alrededor basta para darnos cuenta que una de las razones de la debilidad histórica de la democracia mexicana es, justamente, la flaqueza del orden constitucional. En la improbable sujeción del poder a la norma se sintetiza el subdesarrollo político de México. Apenas es necesario subrayar la apretada imbricación de democracia y constitución. En el mundo moderno el régimen constitucional es el soporte jurídico de la democracia. La democracia, si es liberal, hace trenza con el derecho. Es la legalidad impuesta al poder, como quiso Benjamin Constant. Por ello, en nuestro tiempo, cualquier proyecto democrático exige tomar la Constitución en serio.

Pero no siempre ha sido así. La relación entre democracia y constitucionalismo es compleja. Su conciliación,

* El presente texto se presentó originalmente bajo el título *Emilio Rabasa y el constitucionalismo oficial*.

reciente. En su raíz, democracia y constitución apuntan hacia rumbos opuestos. La democracia es *cratos*, la constitución *nomos*. La democracia es gobierno, la constitución ley. La democracia se funda en un principio: nada por encima del pueblo. El constitucionalismo sostiene su edificio con un principio distinto: nadie por encima de la norma. El constitucionalismo, como freno jurídico al poder, sujeta al poder, así sea popular. Por ello, el democratismo antiliberal ha visto siempre con desconfianza los dispositivos constitucionales. En sus restricciones ha visto una faja que sofoca la voluntad colectiva, una inadmisible imposición de los muertos a las generaciones del presente, una artimaña contramayoritaria. Ésa era la postura de Thomas Paine: los grilletes del pasado hoy son arena. La democracia es el gobierno de los vivos. El temible Jean Jacques Rousseau lo dijo contundentemente, que la voluntad general no podía atarse. En tanto que "el soberano, por la sola razón de serlo, es siempre lo que debe ser", no debe haber freno alguno a sus legítimos impulsos. Es absurdo, por tanto, que la soberanía se "encadene para lo futuro". Para el ginebrino era inconcebible que una norma limitara las decisiones del Pueblo. Como Dios, la Voluntad General puede hacer todo lo que quiera pero nunca puede hacer el mal.

Frente a esta ingenua –y siniestra– confianza en la soberanía popular, el afluente liberal desenrolla su escepticismo. En todo poder anida el huevo del despotismo. Lo importante es instaurar mecanismos institucionales para domesticarlo. Ahí está, en una nuez, el principio del constitucionalismo que encuentra en la técnica jurídica el dispositivo más eficaz para fundar y controlar el poder. El constitucionalismo permite superar la mitología de la soberanía popular. Al romper el mito, funda otra democracia, la posible: técnica y procedimiento. La Constitución, en otras palabras, permite que la democracia conduzca sus energías y reconozca sus límites. La Constitución se convierte así en ley del poder y ley de la ley.

La Constitución es ley de poder en cuanto asigna competencias y traza límites a la acción del gobierno. Desde una perspectiva negativa inhibe la acción del gobierno levantando muros y barreras; desde una perspectiva positiva posibilita la acción gubernamental mediante la definición de facultades y permisos de las agencias del Estado. Es que, como dice Giovanni Sartori, el constitucionalismo trata de encontrar el delicado equilibrio entre gobernabilidad y libertad. El poder de la Constitución viene de su carácter normativo. La Constitución es derecho y sólo cuando se acepta como norma, impera. Es norma en tanto que el cumplimiento de sus disposiciones es obligatorio y, por tanto, su infracción inválida. Esto ilustra la otra cara de la Constitución: la ley de la ley. La Constitución es la norma que funda la unidad de la estructura jurídica. El derecho no es un amontonamiento de órdenes y reglas. Es un orden sistemático que encuentra contorno en la Constitución.

* * *

El orden constitucional no ha sido en México el principio que funda el poder y su límite. Más que base y freno del poder político, la norma dura que institucionaliza y asienta serenamente el gobierno, la estructura constitucional ha sido una sustancia dócil, vulnerable.

Muchos achaques históricos se anudan en el raquitismo de nuestra vida constitucional. Cultura, sociedad y política han disparado tercamente contra el propósito del constitucionalismo: la domesticación jurídica del poder. Desde el "defecto de sociabilidad" del que hablaba Humboldt, hasta la estructura hegemónica del sistema de partidos políticos en el México posrevolucionario; del idealismo jurídico de los constitucionalistas del siglo XIX al pragmatismo autoritario de la clase política priista.

La política anticonstitucional, la práctica que ha lo-grado levantar al poder por encima del derecho, se ha apoyado en un discurso constitucional. Su éxito se debió, en buena medida, a su conversión en ideología. El discurso oficial es un discurso que inflamó simbólicamente a la Constitución para desarmarla; rascó el vocabulario constitucional para desactivar su cometido. Debajo de una vehemente perorata constitucionalista, México ha vivido una severa adulteración del constitucionalismo. Me refiero a un constitucionalismo oficial, a la interpretación dominante del texto constitucional que ha servido para legitimar un régimen político autoritario. La cosmovisión autoritaria aposentada en la cátedra de Derecho Constitucional.

El simulacro de legalidad en el que México ha vivido durante décadas es, quizá, la nota más evidente de la fragilidad democrática: un orden político incapaz de acatar su propia legalidad. El autoritarismo, ha dicho Guillermo O'Donnell, se caracteriza por una legalidad truncada. Es por ello que esta discusión sobre el constitucionalismo no puede separarse de una reflexión sobre la democracia mexicana.

* * *

El constitucionalismo oficial nace con la nación y sus símbolos. Se confunde, por lo tanto, con santos objetos de la devoción patria. Jesús Reyes Heroles advirtió que, al tiempo que el país conseguía su independencia, se volcaba con entusiasmo a los estudios constitucionales. Cuaja entonces lo que él llama "determinismo constitucional": la ingenua creencia de que la Constitución es la medicina de todos los males nacionales. En un folleto de 1820 titulado significativamente *Catecismo del ciudadano constitucional* se declara como primer mandamiento: "amar a Dios y después a la Constitución sobre todas las cosas".

El iusnaturalismo está detrás de estas nociones. La idea central es que existe un orden cósmico justo y armónico que debe descubrirse. La Constitución, más que fundar un orden político, ha de retratar, en lo humanamente posible, el orden celestial. En este universo tomista se interpreta la labor del legislador como una tarea fundamentalmente arquitectónica, quizá estética. No se trata de establecer instituciones funcionales que se entierren en la realidad social para ser eficaces, sino de dibujar el Espejo de la Justicia. Antes, ese espejo capturaba los postulados de la Ilustración y el liberalismo; ahora agita las banderas de reivindicación social. Pero el sentido es el mismo: dibujar con la Constitución el paisaje de un orden justo, aunque resulte impracticable. El utopismo constitucional mexicano arranca con el primer Congreso Constituyente, antes incluso de la independencia. El Congreso de Chilpancingo asume que la felicidad humana depende de la ley justa. Con su agudeza, Edmundo O'Gorman puso el dedo en los orígenes de esta superstición:

> En Apatzingán nace para nosotros la tendencia tan patente en nuestro fervor legislativo, de ver en la norma constitucional un poder mágico para el remedio de todos los males, porque en el fondo de esa vieja creencia está la vieja fe dieciochesca, de que la

ley buena no es sino trasunto de los secretos poderes del universo.[1]

Así, desde los primeros momentos de la vida mexicana, el constitucionalismo pierde su carácter técnico como ingeniería política. El constitucionalismo se viste de un pernicioso esteticismo. Nadie ha superado la elocuencia de Guridi y Alcocer, diputado constituyente en el Congreso de 1824: "La Constitución debe verse como un ramillete de las más hermosas flores, escogidas artificiosamente, dispuestas y tomadas en la mayor parte de nuestros jardines para presentarlo y llenar de bienes a la nación". El constitucionalismo como floricultura, un arte de colores y perfumes. Un tapiz de bellos deseos, catálogo de ilusiones, un poemario de hermosas abstracciones.

El criterio constitucional ha estado preñado de apreciaciones emotivas. No es casualidad, en ese sentido, que el texto fundador de nuestra "constitución constituyente," la Constitución de Apatzingán se llame precisamente "Sentimientos de la Nación". Sentimientos, no ideas. Aparece desde entonces lo que Emilio Rabasa denunció con tanta fuerza: el sentimentalismo constitucional.

Además de esta sobrecarga afectiva, pesa sobre el constitucionalismo oficial una terrible sobrepolitización. La Constitución es vista como síntesis de las grandes gestas históricas, el agregado de conquistas sociales, la suma de los factores reales de poder, el resumen de nuestro Proyecto Nacional, las decisiones esenciales del Pueblo. La Constitución, se dice y se repite, es más que pura norma. Así, se lee como un catálogo de de-

[1] Edmundo O'Gorman, "Precedentes y sentido de la Revolución de Ayutla," en *Historología: teoría y práctica*, México, UNAM, 1999, p. 88.

seos que inspiran pero que no necesariamente obligan. Constitución social, constitución como forma de vida, constitución como resumen del heroísmo popular, constitución como aspiración nacional, constitución como representación de futuro. La fraseología del constitucionalismo oficial es infinita. El resultado de la sobrepolitización constitucional ha sido paradójico: al cortar el nervio vital de la legalidad, ha lobotomizado la posibilidad del Estado de derecho en México.

La sobrepolitización constitucional se ha alimentado de dos afluentes. El primero es histórico, el segundo teórico. Tenía razón Daniel Cosío Villegas cuando decía que la historia del derecho no era el fuerte de los juristas mexicanos. El constitucionalismo mexicano ha descansado en una superficial lectura del pasado. La historia constitucional se reconstruye como la lucha de los buenos contra los malos y el triunfo definitivo de los muy buenos en la Constitución del 17. Hay, por tanto, constituciones dignas (la del 24, la del 57 y la vigente) y constituciones repugnantes (las cartas conservadoras del siglo pasado). Salvo honrosísimas excepciones, la historia crítica no ha llegado a las bibliotecas de los constitucionalistas mexicanos. Sigue pendiente, por ejemplo, el estudio equilibrado de las cartas centralistas que el constitucionalismo oficial ha ignorado sistemáticamente. Octavio Paz dijo en alguna ocasión que, para la comprensión de la historia mexicana, Lucas Alamán era tan importante como Benito Juárez. Igualmente, para comprender las posibilidades constitucionales de México, tanto cuentan las Siete Leyes como la Constitución del 24. Es urgente superar lo que podría denominarse, tomando prestada la expresión de Luis González, el constitucionalismo de bronce: el culto al mármol de nuestras leyes fundamentales.

El otro motivo de la sobrepolitización constitucional en el discurso académico y político mexicano es teórico: la adopción del decisionismo de Carl Schmitt. Desde la muy influyente cátedra de Mario de la Cueva, las ideas del abogado del nazismo se convirtieron en las nociones hegemónicas dentro del estudio constitucional. Como se sabe, el brillante jurista alemán definió la Constitución como suma de decisiones políticas fundamentales. Al verla así, los constitucionalistas mexicanos se han tragado la píldora antiliberal. Entendida como decisión, la Constitución mexicana es analizada como un acto de voluntad del soberano, como una determinación política; no como un principio normativo que deslinda con claridad lo que es políticamente posible de lo que es lícito. La adhesión teórica no es inocua: disuelve la norma en voluntad del poderoso. De esta manera, una constitución sobrepolitizada se convierte en una constitución desarmada. Si la Constitución no es vista como norma jurídica, es decir, como regla que obliga a los poderes y que define como antijurídica su infracción, entonces se convierte en una auténtica banalidad literaria. Hay que decirlo claramente: la fuerza política de la Constitución radica en su carácter normativo.

No parece cuestionable que, como decía Lassalle en su famosa conferencia, las cuestiones constitucionales sean esencialmente asuntos de poder. Pero no podemos considerar a la Constitución como "suma de factores reales del poder". El rasgo definitorio del fenómeno constitucional es la manera en que procesa la actuación de los poderosos, es decir, su carácter jurídico.

Un constitucionalista mexicano combatió en su tiempo el determinismo que veía a la Constitución como una panacea; al sentimentalismo que envolvía en lirismo su falta de rigor y a la sobrepolitización que hinchaba la simbología de la ley hasta desvanecer su carácter normativo. Se llamó Emilio Rabasa.

* * *

Emilio Rabasa Estebanell nació bajo el signo constitucional. Nació el 22 de mayo de 1856 en el pequeño pueblo de Ocozocuautla, en Chiapas, al tiempo que se reunía, en una órbita lejana, el Congreso Constituyente a cuya obra dedicaría buena parte de su inteligencia. Descendiente de catalanes llegados a México, Emilio Rabasa recorrió prácticamente todas las estaciones de la actividad pública: fue periodista y juez; dio clases, reconstruyó nuestra historia, escribió novelas; redacto leyes, las examinó con agudeza, las criticó y también las aplicó; fue gobernador y diplomático; ejerció el poder y padeció el exilio.

Es revelador que Charles Hale, el más grande historiador del liberalismo mexicano, haya dedicado su último esfuerzo a pintar el cuadro de su vida.[2] La historia que empieza con los empeños de José María Luis Mora concluye con los alegatos de Rabasa. El retrato que aparece en su biografía es el de una figura enigmática y contradictoria que encarna la transformación, pero también la persistencia del liberalismo mexicano del siglo XIX. Rabasa es un liberal porfirista; un abogado con buen ojo para la historia y para el mundo; un antirrevolucionario que terminó siendo redactor invisible de la Constitución de 1917, el gran maestro del derecho constitucional mexicano.

---

[2] Charles Hale, *Emilio Rabasa and the Survival of Porfirian Liberalism. The Man, his Career and his Ideas 1856-1930*, Stanford University Press, 2008.

Sus primeros estudios los hizo en casa para después mudarse a Oaxaca, para estudiar en el Instituto de Ciencias y Artes, donde entraría en contacto con la pedagogía del orden. Tenía doce años y en un poema perpetrado poco después describió el dolor de la infancia arrebatada:

Con doce primaveras
Y llorando las lágrimas primeras,
Dejé el paterno hogar triste y doliente,
La bendición llevando de mi padre,
Y de mi pobre madre
Amargo beso en la abatida frente

¡Cuánta angustia en un beso…!
Hoy que de mis dolores bajo el peso
A mi alma no hay ya penas extrañas,
Comprendo que mi madre en aquel día
El lacerar sentía
De un puñal que se juega en las entrañas

Entero y valeroso
Aún más que sus dolores poderosos
Mi padre amante con afán prolijo,
Después de honrado y bienhechor consejo,
Pugnaba ¡noble viejo!
Por infundir valor a madre e hijo

Sus temblorosas manos
Besé, y luego abrazando a mis hermanos
Que con dolor y lástima me veían
Sobre el bruto salté, partí violento
Sintiendo en mi tormento
Que las tierras tras mi rotas se hundían.

Así sigue el poema: el niño desnutrido de cariño, trepado en un corcel rabiando contra la ciencia. El muchacho sueña con “quemar la ciencia entera” para regresar a “los campos de gloria de la hacienda” para oír “la ronca voz del pedregoso río”.

> ¡Padres, digo, la ciencia aborrecida
> Da sin amor la vida;
> Dejad que vuelva a vuestro lado el niño;
> Que herido por las penas de la ausencia
> Ya no quiero más ciencia,
> Que amaros siempre con mayor cariño!

“En el hombre, llegó a decir, despierta antes el corazón al sentimiento que la inteligencia a la reflexión.” En la poesía, se entiende, no estaba el genio de Emilio Rabasa. Estudió Derecho y se dedicó a explorar todas las posibilidades de la profesión. Fue litigante, profesor, y diputado local. En 1886 el abogado llegó a la Ciudad de México, en donde pudo desarrollar sus aficiones. Sin dejar de ejercer como abogado, dio clases, incursionó en el periodismo y publicó una serie de novelas en donde despunta la inteligencia filosa, la acidez crítica, la profundidad sociológica. Novelas que retratan, con todos los sentidos, la comedia mexicana. Las novelas tienen frescura y gracia.

El humor ocupa un lugar principal en la narrativa de Rabasa. La sonrisa que provoca su lectura es el contraste entre el ideal y lo real. Las peripecias de sus personajes pintan nuestra historia como una comedia de enredos. Si la política tiene algún sentido en la narrativa de Rabasa es como la habilidad de quien logra mantenerse siempre arriba en la azarosa rueda del poder. Las ideas, los principios, los proyectos son estorbos de la ingenuidad. Ése es el caso de don Vicente Torvado: “hombre ducho en la gran ciencia de ganar siempre, que en mi tierra se llama política”. Los recatos morales son fastidios: "En política no hay escrúpulos que valgan y la gran ciencia es no perder, no caer". La ciencia de no perder. Por eso la política de oportunismo conjuga solamente con el presente. El oportunismo no tiene memoria ni proyecto: es sólo hoy. Por eso habla Rabasa de dos letras que al juntarse integran una "partícula fatal": la e y la equis que juntas forman *ex.* Cuando esas dos letras se usan en política adquieren "significaciones terribles".

> Como sustantivo vale tanto como abismo oscuro y sin fondo del cual no suelen salir los que en él caen o si salen es con la cabeza inclinada para siempre; a veces significa purgatorio, y las más infierno. Como adjetivo, expresa lo mismo que despreciable, indigno de estimación y de saludo y en muchos casos, tanto como muerto.

Un *ex* es el pasado, lo que ya no es; "entre nosotros, *ser* es la última expresión de lo sublime, y *haber sido* es buenamente una vergüenza".[3]

Cuarto poder empieza con el sueño de la nostalgia de quien apenas llega a la Ciudad de México. Recordar entre sueños la música y el olor de la lluvia en el campo. El visitante se entrega al recuerdo del pueblo y evoca la lluvia que reverdece la tierra. En la cama suspira y exclama ¡Bendito el dios que levanta las nubes del seno de los mares! De pronto, el personaje no puede seguir olfateando la tierra mojada de sus recuerdos por una peste que lo levanta ¿Qué diablos es lo que huele?

> ¿De dónde viene este malísimo olor que invade mi cuarto? ¡Adiós campos y flores, nubes y tierra mojada!

[3] *La gran ciencia* (*Novela original de Sancho Polo*), México, Tipografía de Alfonso E. López y Compañía, 1887, ps. 202-203.

> En efecto, un olor de mil demonios, capaz de producir náuseas y aun algo más serio, cortó el hilo de mis poéticas memorias, echándome repentina y desapaciblemente en la grotesca realidad que me rodeaba.

¿Por qué apesta de esa forma?, pregunta con asco. Porque llueve, le responden tranquilamente. Y no es que en la ciudad de los palacios lloviera agua sucia, sino que no había desagüe:

> Son las atarjeas, continuó el viejo; es decir, la alcantarilla de la calle. Es que la ciudad no tiene desagüe ni lo tiene el valle de México tampoco.

El apunte sobre las alcantarillas no es una trivialidad. No es difícil ubicar la conexión entre el orden público y el drenaje. La convivencia no requiere solamente reglas, escuelas y policías, sino también basureros y cloacas. El poeta y periodista inglés John Betjeman escribió un poema en el que hablaba de los valores centrales del pueblo inglés.

> Think of what our nation stands for
> [...]
> Democracy and proper drains.

Algo así como: "Piensa en lo que nuestra nación significa: la democracia y correctas cañerías". En la estampa de Rabasa se advierte la ausencia del desagüe como el primer indicio del desorden cívico. Una ciudad monumental pero menesterosa en su subsuelo. La precariedad de lo público retratada en esa ausencia de cañerías. Aquí se observa ya un atisbo de la gran obsesión de Emilio Rabasa: la fragilidad de nuestro orden social, la precariedad de lo público; esa convivencia desprovista de lo elemental: drenaje, alfabeto, ley. En sus novelas, en sus alegatos históricos, en sus ensayos de crítica política, en sus lecciones de derecho constitucional estaría siempre esa preocupación básica: cómo darle forma, *constitución* en sentido más físico del término a la sociedad mexicana.

Carlos Monsiváis llegó a decir que Emilio Rabasa había sido un mal intérprete de su talento. Habría deseado para el chiapaneco una vida entregada a la novela y no malgastada en disquisiciones sobre el Senado y otros armatostes constitucionales. Pero Monsiváis no lograba apreciar la agudeza del crítico político que Rabasa fue. No se percató que lo que la sátira que despunta en sus novelas se convierte después en el máximo ejercicio de inteligencia crítica que ha abordado el orden político en México. Una inteligencia que aprovechó enormemente esa zambullida literaria en las costumbres de México para curtir su crítica del régimen institucional. Las leyes no podían ser ya las entelequias de los oradores; los derechos no podían quedarse como ofrenda de los discursos. En la burla de sus contemporáneos, en la demolición de las ilusiones del pasado reciente, el novelista afila la navaja que el constitucionalista usará con destreza cirujana.

La ficción fue para Rabasa un "pasatiempo de madrugada". Se despertaba muy temprano y no se le ocurría otra cosa qué hacer más que imaginar historias.[4]

---

[4] "Refería don Emilio que, como solía despertar muy de mañana, para distraer el ocio de una hora en que no se puede hacer otra cosa, ocupaba su mente relatándose él mismo en su pensamiento un cuento o una novela. La comenzaba en una mañana, la continuaba al día siguiente y así en el transcurso de algunas semanas, mentalmente había concluido su cuento o novela y la archivaba también mentalmente. Concluida una novela, en esta forma se imaginaba la segunda y una tercera, así logró reunir como pasatiempo de madrugada lo que pudo haber sido toda una serie de cuentos y novelas literarias que por lo menos habrían corrido

Cuatro novelas de Rabasa integran una sola narración: *La bola, La gran ciencia, El cuarto poder* y *Moneda falsa* narran en primera persona las peripecias políticas de Juan Quiñones. Una novela sobre distintas caras de la política mexicana atravesada por un cuento de amor. No le faltan defensores al novelista. Justo Sierra lo comparó con Galdós. Para Alfonso Reyes, "hay interés en la narración, gracia en la manera de decir y sabor castizo en su prosa". Mariano Azuela ve en él a un precursor: "el primero que enfrenta los problemas políticos y sociales que otros novelistas habían tocado acaso, pero sin la preparación ni los conocimientos de un verdadero sociólogo". Pero a las noveletas de Rabasa les falta ritmo y densidad; a sus personajes le haría bien la contradicción y la carne. La narración es lineal y en ocasiones tediosa; los sentimientos que se asoman, elementales. José C. Valadés encuentra pura mezquindad en sus novelas: "por no tener imaginación y por servir a los intereses del Estado, Rabasa sólo siembra ñoñeces".[5] Pero los límites literarios de su ficción, no empañan el colorido de algunas de sus viñetas: ilustraciones de un argumento; cápsulas de sociología política vertidas a diálogo.

Ahí se asoma el pintor que ensaya retratos y el realista que emprende batalla contra la ingenuidad. La política no puede seguir las instrucciones del tratado filosófico. En *La gran ciencia,* a través de su personaje Vaqueril, se lanza contra la ingenuidad de los jóvenes que es, en realidad, un ataque contra la ingenuidad de los padres.

---

la misma suerte que las únicas cinco nove-las que pudo o quiso escribir en su mocedad." Andrés Serra Rojas, estudio introductorio a su *Antología,* p. 121.

[5] José C. Valadés, *El porfirismo. Historia de un régimen. Tomo II. El crecimiento,* p. 254.

> Ustedes, los jóvenes, salen del colegio muy satisfechos de sus teorías y se creen capaces de gobernar el mundo; pero en la práctica se estrella todo eso… se estrella todo eso. Aquí es necesario hacer lo que conviene y nada más; aquí no venga con las leyes, porque no se puede gobernar con las leyes, sino que muchas veces es preciso hacer otra cosa; sí señor, hacer otra cosa, ¿me entiende?

El tapiz de la novela permite a Rabasa describir con enorme elocuencia el contraste entre el ideal liberal y la realidad mexicana; la inmensa distancia entre la retóri-ca republicana y nuestra experiencia. En sus novelas no desfilan los derechos, realizándose, ni los ciudadanos; no actúan las convicciones y los ideales no tienen buen fin. A la sociedad mexicana no le acomoda el traje republicano de la virtud cívica ni el vestido liberal de los derechos. No hay ropa que vista a esa sociedad gelatinosa, inestructurada, inestable. Un complejo organismo de simulaciones. Un cuerpo sin estructura ósea ni coordinación motriz.

Se bosqueja aquí un exótico despotismo. Lo que se describe entre eventos y anécdotas no es la arbitrariedad de un tirano que premia y castiga por capricho. No es tampoco el paternalismo que John Stuart Mill temía como la peor forma de despotismo. La arbitrariedad del déspota y las restricciones del protector tienen un núcleo claramente identificable del que surgen las intimidaciones o los cuidados. Ése no es el caso del viscoso despotismo que Rabasa describe en sus novelas. El despotismo del desorden no nos pone a merced de un tirano o de un patriarca, sino que nos entrega a un capricho disperso y terco. Es el atropello de gendarme y abuso del tendero; la ocurrencia del cacique y la improvisación del periodista; la picardía del rebelde y la siesta del diputado; la maña del señor cura y la ignorancia del devoto. En esto, Rabasa que tan crítico fue de los seguidores de Montesquieu, es su hijo directo. Supo bien que, para entender la mecánica de la política hay que apreciar, primero, la textura de la sociedad. Para entender los resortes del poder hay que palpar la pasta de las costumbres y las creencias; el sentido de las inercias y los reflejos. Podría decirse que los ejercicios literarios de Rabasa cumplieron una función similar a las *Cartas persas* de Montesquieu: la estación en la que el sociólogo equipa su entendimiento de la cultura y la moral: el pertrecho de las circunstancias.

La bola es su novela de mayor penetración histórica. Ahí contrasta la violencia que imprime sentido a la historia con la violencia que perpetúa el sinsentido. La rebeldía no ha sacudido con violencia el orden establecido, lanzando la vida hacia el futuro. Por el contrario, eterniza nuestro caos. Hannah Arendt exploró las dos formas en que la revolución significa la historia. La vertiente inglesa sigue el aro astronómico: como los planetas, los pueblos retornan al punto de origen. Mediante la violencia, recuperan felizmente una legitimidad que se ha perdido. La invención francesa otorga a la revolución un papel menos memorioso y más imaginativo: de su fuego emerge un mundo sin ligas con el pasado. En ambos casos, la revolución es transgresión que (re)estructura la historia. Sea para recuperar un orden perdido o para fundar uno sin precedentes, la insurrección es vector del tiempo.

La *bola* no es flecha, es pura borrasca. La muerte que enluta el pueblo de San Miguel de las Piedras no tiene la grandeza de la tragedia sino la "ridiculez caricaturesca de la comedia burda".

¡Y a todo aquello se llamaba en San Martín una revolución! ¡No! No calumniemos a la lengua castellana ni al progreso humano, y tiempo es ya para ello de que los sabios de la Correspondiente envíen al Diccionario de la Real Academia esta fruta cosechada al calor de los ricos senos de la tierra americana. Nosotros, inventores del género, le hemos dado el nombre, sin acudir a raíces griegas ni latinas, y le hemos llamado bola. Tenemos privilegio exclusivo; porque si la revolución como ley ineludible es conocida en todo el mundo, la bola sólo puede desarrollar, como la fiebre amarilla, bajo ciertas latitudes. La revolución se desenvuelve sobre la idea, conmueve a las naciones, modifica una institución y necesita ciudadanos; la bola no exige principios ni los tiene jamás, nace y muere en corto espacio material y moral, y necesita ignorantes. En una palabra: la revolución es hija del progreso del mundo, y ley ineludible de la humanidad; la bola es hija de la ignorancia y castigo inevitable de los pueblos atrasados.

Rabasa, atentísimo siempre al significado de las palabras, busca la distinción entre revolución y bola. No estigmatiza la revolución, la elogia como bautizo ardiente de "regeneración y adelantamiento". La revolución es producto de la razón y de la organización ciudadana. La bola es pasión de la muchedumbre, una monstruosidad de nuestra rudeza. El torbellino de la bola es el impedimento de cualquier progreso. En un párrafo que recuerda las líneas más famosas del *Leviatán,* el novelista coincide en que la falta de un orden político impide el comercio, la ciencia y el entendimiento.

¡Miserable bola, sí! La arrastran tantas pasiones como cabecillas y soldados la constituyen; en el uno es la venganza ruin; en el otro una ambición mezquina; en aquél el ansia de figurar; en éste la de sobreponerse a un enemigo. Y ni un sólo pensamiento común, ni un principio que aliente a las conciencias. Su teatro es el rincón de

> un distrito lejano; sus héroes hombres que, quizá aceptándola de buena fe, se dejan la que tenían, hecha jirones en los zarzales del bosque. El trabajo honrado se suspende; la garrocha se necesita para la pelea y el buey para alimento de aquella bestia feroz: los campos se talan, los bosques se incendian, los hogares se despojan, sin más ley que la voluntad de un cacique brutal; se cosechan al fin lágrimas, desesperación y hambre.

La devastación, sin embargo, parece adictiva. Padeciendo sus efectos, la gente se le entrega: "El pueblo, cuando reaparece este monstruo favorito a que da vida, corre tras él gritando entusiasmado y loco: ¡Bola! ¡Bola!"

La bola, como la condición prepolítica de Hobbes, impide el comercio, la educación, la industria y la ciencia. Suprime también la base del juicio moral: los azotes, incendios, fusilamientos y saqueos de la bola se convierten en espectáculo insignificante. Tras volverse rutina, dejan de ser indignantes.

> Con pena declaro que esta conducta salvaje, y estos actos de ferocidad infame, me iban pareciendo menos horribles cada día. La bola me estaba haciendo el peor mal de que es capaz: disminuir la energía de mi juicio moral.

En 1888 publicó *El cuarto poder*, su novela sobre el periodismo y la política en México. Juan Quiñones no tiene dinero, no tiene una carrera, pero tiene lo que importa: relaciones. Carece de preparación, pero tiene contactos. Su amigo, Sabás Carrasco, trabaja en *La Columna del Estado* y le ofrece trabajo como periodista. Sorprendido de la oferta, Quiñones le advierte que no conoce nada del oficio. No es buen lector de diarios, nunca ha sido reportero y no ha escrito más que las tareas de la escuela y alguna carta. No confía en su ortografía ni en su redacción. Carrasco se ríe. Para ser periodista, la experiencia no es requisito. Le explica así, los pormenores de la tarea:

> Al principio mucho miedo, mucha vacilación, mucho escribir y tachar y volver a escribir; pero cogiéndole el modo y tomando confianza, vemos que es muy sencillo el trabajo. El periódico es gobiernista y, vea usted, a mí me gustaría más que fuera de oposición, porque eso es más bonito y tiene más interés y hasta es más fácil. Pues bueno: ya se sabe que nuestra regla es defender al Gobierno, elogiar sus actos, aplaudir todas las disposiciones, y cuando la materia es de ésas muy enredadas que no se entienden, se escribe en términos generales. Por ejemplo, se trata de una ley sobre la deuda pública, o sobre cosa semejante, que yo no entiendo, ni siquiera leo, porque es larguísima y cansada. Pues entonces digo que los beneficios de la ley son innegables, y que demuestran la clara inteligencia, profundos conocimientos y patrióticas miras del ministro del ramo; que ya se hacía indispensable esa ley para el sostenimiento del crédito nacional, y otras frases así, amplias y que sin duda vienen como de molde. A veces se ve uno en ciertos compromisos, pero sale uno como puede.

Quiñones sigue con dudas. Reconoce que la secuencia de las palabras no es lo suyo. "Por lo menos sería preciso estudiar algo de gramática." ¿Para qué –le responden? El periódico nunca ha tratado cuestiones gramaticales.

La novela, más rica por sus viñetas que por su relato, resulta previsible. El improvisado periodista se vuelve de pronto faro de la crítica nacional. Su diario cambia de giro y se convierte en periódico opositor, siguiendo el mismo manual. Después de haber ensayado todos los elogios al gobierno, se ejercita en la denuncia más radical. Mientras más ruda es la crítica a los políticos, más elogios recibe el héroe de la pluma valiente. El diario terminará regresando finalmente a la causa gobiernista. Las "oscilaciones de la opinión pública".

En la novela, Rabasa pinta las raíces de la economía política del periodismo mexicano. Lejos de la santificación liberal de la prensa como el faro de la verdad, el sustrato moral de la crítica, la leche de la ciudadanía, la prensa es otro charco de la corrupción y la improvisación. Un foco que contagia mentira y que resguarda el interés de los poderosos. Un periodismo patrocinado por la clase política, seguido sólo por la clase política. Un periodismo sin profesionales, sin lectores y, por supuesto, sin anunciantes.

Rabasa también ejerce el poder. El primer día de diciembre de 1891 tomó protesta como gobernador de Chiapas. Tenía 34 años y era el gobernador más joven de México. Su llegada al gobierno representaba, sin duda, un cambio en la clase política porfiriana. No era un general con experiencia militar, sólo un abogado con achaques literarios. En su breve mandato, habría de cambiar la historia de Chiapas. Política y económicamente, su gobierno inicia la historia moderna de Chiapas, según ha dicho Thomas Benjamin.[6] Trasladó la capital de San Cristóbal de las Casas a Tuxtla Gutiérrez. La vieja capital le daba la espalda a la Ciudad de México, mientras que Tuxtla veía a Oaxaca y a México. Ésa era la ruta de su ambición: conectar a Chiapas con el resto del país. Un don Porfirio local, Rabasa jaló todos los hilos del poder: nombró a sus allegados en puestos clave, separándose de la clase política tradicional. Su administración fue un laboratorio de modernización autoritaria: formó una policía rural dependiente directamente de él y creó un inspector para someter a los caciques; construyó caminos para terminar el aislamiento. Para mejorar el sistema educativo, se inspiró

---

[6] Citado por Hale, *Emilio Rabasa and...*, pl. 21. Este apartado sigue cercanamente la exposición de Hale.

en las reformas de Bernardo Reyes. Se empeñó en eliminar la propiedad comunal que consideraba un obstáculo al progreso. En este laboratorio Rabasa constató la magnitud de los obstáculos para gobernar. Todo conspira contra el gobierno: la historia y las montañas, la cultura y los intereses se empeñan en impedir el orden. Con cierta frustración a cuestas, Emilio Rabasa renunció en febrero de 1894 a la gubernatura.

Rabasa tendría otros encargos públicos importantes. Fue senador por el estado de Sinaloa en la última legislatura de Porfirio Díaz. Fue, por ello, senador en tiempos de la revolución maderista. La llegada de Madero dio al Senado un nuevo protagonismo. No fue ciertamente un agente que recibiera con entusiasmo al apóstol. El exilio del dictador no llevó a Rabasa a distanciarse de su política. Por el contrario, la derrota lo hizo más combativo. Daniel Cosío Villegas escribió que los años y el fracaso hicieron más beligerante su partidarismo. Como senador, Emilio Rabasa integró una comisión senatorial que pidió la renuncia al presidente Madero. No hay registro de su reacción al golpe de Estado y al asesinato de Madero y Pino Suárez, pero Rabasa, en circunstancias particularmente graves, estuvo dispuesto a servir a su gobierno. La intervención norteamericana de 1914 llevó la relación bilateral a tensiones extraordinarias. Tras la ruptura de relaciones diplomáticas, Argentina, Brasil y Chile se ofrecieron para mediar entre ambos países. Huerta aceptó el ofrecimiento y recurrió a Rabasa para que representara al país. Aceptó encabezar la delegación que se reunió en Niagara Falls. La comisión fue un fracaso. Unos meses después de su desintegración, inició su exilio en Nueva York.

* * *

El sentimiento despierta antes que la inteligencia, decía Rabasa. Su inteligencia jurídica se expresa tardíamente, en libros de madurez. Su primera obra memorable es *El artículo 14* que publica en 1906. El chiapaneco, quien consideraba que el derecho civil era la rama más superficial y grosera de las ciencias jurídicas, penetra en el derecho constitucional desde donde puede reflexionar sobre la historia y la filosofía, sobre la política y la cultura. Su monografía sobre el artículo 14 no es una pieza didáctica encargada de explicar el contenido de esa disposición constitucional. A pesar de ser un documento estrictamente técnico, se trata de un alegato intensamente polémico. La ley es un problema que hay que resolver. El jurista hace la arqueología de la disposición: desentierra los debates y los precedentes de la norma para concluir que los autores de la Constitución no sabían emplear el recurso crucial de su oficio: el lenguaje. El artículo 14, otorgando competencia a los tribunales federales para revisar las sentencias de los jueces de los estados, se ha vuelto un subterfugio para corromper el juicio de amparo y terminará negando la justicia. La Suprema Corte de Justicia, se distrae de sus labores de interpretación constitucional para tramitar una nueva instancia procesal. La desaseada disposición da al traste con el régimen federal porque somete a los tribunales locales a un poder central, con la absurda ilusión de que, por ser federales serán infalibles.[7] Más aún, el artículo hace imposible la tarea de la Suprema Corte de

[7] Un análisis interesante de *El artículo 14* puede verse en *El sistema federal. Un análisis jurídico,* de José María Serna de la Garza, UNAM, Instituto de Investigaciones Jurídicas, 2008.

Justicia. La sobrecarga de trabajo que implica para el último tribunal resultará prácticamente inmanejable.

Hay quien ha dicho que aquí está el trabajo más preciso, más incisivo de Rabasa. El crítico del régimen legal aparece, ante todo, como lector puntilloso que concluye que la Constitución está mal escrita. Resalta el sitio desde el que Rabasa lee la Constitución. No la lee desde el escritorio del litigante que simplemente interpreta la ley para aplicarla, no se ubica tampoco en la tribuna del orador que se adorna con la evocación de una ley que no entiende. Rabasa lee la Constitución desde la independencia crítica:

> Es frecuente entre nosotros, y es también irritante, que se proclame y aun exija como criterio superior para juzgar nuestra historia, el patriotismo; para la crítica de nuestro arte, el orgullo nacional; para el examen de los preceptos constitucionales, la gratitud que debemos a los constituyentes y el respeto que han de merecernos sus sacrificios y virtudes. La verdad científica no puede aceptar semejante criterio, y lo que importa en todo estudio, para que merezca ese nombre, es que proponga la verdad por fin único de investigación.[8]

Jorge Cuesta pudo haber escrito este párrafo.

* * *

¿Cuándo nació *La Constitución y la dictadura?* ¿Cuál fue el impulso que animó su redacción? El libro se publicó en 1912, pero en algún sentido trata de escapar la fecha de imprenta. Apareció después de la revolución maderista, pero apenas y hace referencia al estallido, como si quisiera

[8] Emilio Rabasa, *El artículo 14,* México, Porrúa, p. 20.

levantarse por encima del apremio de las circunstancias. Se pensó durante mucho tiempo que el libro lo había escrito Rabasa, animado por el futuro que entreveía tras la salida de Díaz del escenario político. En la famosa entrevista con James Creelman, el dictador había anunciado que, finalmente, el país estaba listo para la democracia. En la redacción estaría, pues, una advertencia para que la inminente democracia fuera ordenada y no caótica. Charles Hale, al asomarse a la correspondencia de Rabasa con Limantour, revela que la gestación del libro fue a finales de 1909, bajo la idea de que se publicara inmediatamente. Muy distinta hubiera sido la lectura de *La Constitución y la dictadura* si hubiera circulado bajo el régimen porfirista. De haberse publicado entonces, se habría leído como la obra que ponía punto final al régimen, un benévolo adiós a don Porfirio... pero un adiós a fin de cuentas. Eso es, en efecto, el libro: una despedida a la dictadura. Rabasa elogia la dictadura "benévola y fecunda de Díaz", pero se despide de ella. Si Díaz logró la paz, otros tendrán que hacer –con todos los cuidados que eso supone– la democracia. En el esquema de Rabasa no queda futuro para Díaz.

Díaz no fue un estadista, concluiría en *La evolución histórica de México.* Fue un gobernante extraordinario, un político agudo y alerta, pero le faltaba "la visión del porvenir que en el estadista es obsesión espontánea". Díaz sabía "dominar el presente, conquistarlo, subyugarlo con mucha más habilidad que violencia".[9] Pero eso no era suficiente. Su enorme desierto fue el porvenir de la política.

Por eso, al escribirle a Limantour, Rabasa advertía que corría riesgos al publicar la obra. No pudo terminar la redacción a tiempo. La enfermedad de su esposa (quien

[9] P. 154.

moriría en mayo de 1910) lo llevó a suspender el proyecto, hasta que lo retomó en 1912 para completarlo en unas cuantas semanas. El libro salió a la luz cuando el régimen porfirista ya había caído. Rabasa tenía razones para pensar que la publicación de su libro en tiempos del dictador era arriesgado: se le podía fichar como el enterrador de un régimen. En ese aspecto, hay un paralelo importante entre *La sucesión presidencial* y *La Constitución y la dictadura.* En más de un sentido son opuestos: por un lado, un manifiesto democrático y, por el otro, una apología de la dictadura. Un canto idealista y un seco algoritmo realista. El sentimentalismo frente al realismo. Rabasa es severísimo en su juicio sobre el libro de Madero: es un libro de buenas intenciones y sobre todo valiente, pero no es profundo ni tiene buena letra: "El lenguaje es malo, la fraseología vulgar, los recursos literarios pedestres y a veces pueriles, la ostentación de conocimientos históricos y de ciencia política revela su poquedad; su aplicación al caso de México demuestra cortedad de recursos". Pero hay un puente que une el lirismo de Madero con la severidad intelectual de Rabasa: ambos, con propósitos distintos, en tonos contrastantes, piensan en la forma de la política mexicana tras la dictadura. Son reflexiones en paralelo sobre el México sin autocracia.

Al escribir su libro, Madero piensa que la "fría" razón conduce al desánimo. La única salida está en otro impulso motriz: la fe. Los grandes hombres de la humanidad, dice, revelan el poder de lo que llamamos "fe, intuición, inspiración, sentimiento" que la impotencia de la razón no puede comprender. Rabasa no recurre a la iluminación. Se aferra a la inteligencia para trazar una alternativa. No convoca a una gesta ni a un sacrificio: pide tomar la Constitución en serio.

Al publicarse, *La Constitución y la dictadura* fue leída como un alegato *post-mortem* del régimen porfiriano. Pero no era un desahogo de nostalgia; era una advertencia al futuro. Lo que hacía Rabasa con su libro era denunciar la simpleza de una democracia colgada apenas del sufragio efectivo. Es una discusión, pues, con una democracia de la aritmética electoral que no considera la mecánica institucional. Rabasa sabía que la competencia electoral que proyectaría nueva luz a la Constitución no podía seguir siendo el símbolo que sea adora para convertirse, finalmente, en la norma que rige la vida del país. Por eso había que leerla de otra manera. Leer la ley a la luz de la historia, esto es, a la luz de la política puesta a prueba.

* * *

Rabasa piensa históricamente. A pesar de haber sido un estudioso muy atento de las ideas políticas, no ve la política a través de los conceptos, sino desde la expe-riencia. La *verdad efectiva* de la política (para usar la fórmula maquiavélica) deja su huella en la historia, aunque la filosofía no se percate de ello. El crítico de las instituciones recurre a la memoria para curtir su juicio. No le obsesiona la armonía de las ideas, sino el efecto de las señales normativas. Rabasa recurre constantemente a la experiencia mexicana sin perder nunca de vista la historia de Francia, de Inglaterra, de España.

El autor de *La Constitución y la dictadura* recrea una historia con sorprendente coherencia. Los hechos no son granos de polvo, sino puntos de una línea. Imagina nuestro pasado como un camino ascendente. Por eso titula su historia de México, casi con la misma fórmula que Justo Sierra: *La evolución histórica de México.* (Sierra tituló su libro *Evolución política del pueblo mexicano.)* La coincidencia, por supuesto, no es casual. En ambos aparece la convicción de que el país trota al progreso. En ese trabajo, Rabasa dobla a México en dos: en un pliego aparece la historia de las evoluciones violentas; en el otro, la era de las evoluciones pacíficas.

Los tiempos de la violencia son los tiempos de la bola: un país incapaz para encontrar rumbo. El imperio del caudillo encarna este drama. Santa Anna, dictador del capricho, fue el espectro de la sociedad, como acertó a decir Agustín Yáñez. Rabasa describe la maraña de la anarquía. Las primeras palabras de *La Constitución y la dictadura* pintan el cuadro:

> En los veinticinco años que corren de 1822 en adelante, la nación mexicana tuvo siete Congresos Constituyentes que produjeron, como obra, un Acta Constitutiva, tres constituciones y una Acta de Reformas, y como consecuencia, dos golpes de Estado, varios cuartelazos en nombre de la soberanía popular, muchos planes revolucionarios, multitud de asonadas, e infinidad de protestas, peticiones, manifiestos, declaraciones y de cuanto el ingenio descontentadizo ha podido inventar para mover al desorden y encender los ánimos. Y a esta porfía de la revuelta y el desprestigio de las leyes, en que los gobiernos solían ser más activos que la soldadesca y las facciones, y en que el pueblo no era sino materia disponible, llevaron aquellos el contingente más poderoso para aniquilar la fe de la nación, con la disolución violenta de dos Congresos legítimos y la consagración como constituyentes de tres asambleas sin poderes ni apariencia de legitimidad.[10]

Ésa es la puerta de entrada. El despertar a la independencia es el retorno a una condición prepolítica, una especie de

---

[10] *La Constitución y la dictadura,* p. 3.

estado natural, a la Hobbes, que impide cualquier avance. En Rabasa, ese tiempo pre-estatal no es hipótesis teórica, sino experiencia de la historia. La imposibilidad de asentar instituciones en el país ha impedido el desarrollo de la vida cívica. Los primeros pasos tuvieron un efecto terrible. No alude Rabasa a un mal diseño de las reglas, sino, más bien, a un tenue compromiso con ellas. El primer episodio imperial fue, en ese sentido, terriblemente pernicioso. Para el republicano, el imperio era un absurdo insostenible. Pero fue más que eso, más que un simple fracaso inicial: fue la inoculación de la ilegitimidad, la devastación del ascendiente institucional. En el instante de nuestro nacimiento, el poder mismo destruyó el principio de su poder. Se destruyó con ello el germen mismo de la democracia; se aniquiló la fe en los principios constitucionales. Muy pronto se perdió en el nuevo país la confianza en la ley y el respeto al poder público. Cuando la autoridad conspira contra sí misma, perfora la balsa de la que todos dependemos. La nutrida cronología de la inestabilidad se funda en ese fracaso doble.

Así, el golpe de Iturbide contra el Congreso no solamente disolvió la representación nacional: tuvo el efecto duradero de destruir en la conciencia pública el principio en que debía organizarse la nación. Destruida desde ese momento la base de la confianza, la ley ha sido incapaz de situarse como el ámbito de las coincidencias nacionales y la pauta persuasiva de nuestra vida en común. Por eso, el primer golpe fue "el acto más tras-cendente de nuestra historia política". Desde entonces, la Constitución fue arma de unos contra otros; no la plaza pública, el ámbito común, sino bandera de facción. La Constitución no logró colocarse por encima de las animosidades de partido. Escribe Rabasa, el liberal, que las constituciones federales, al igual que las centralistas, fueron armas de la lucha política. Los partidarios de la Constitución declaraban a sus adversarios enemigos del orden, al tiempo que éstos culpaban a la Constitución de ser origen de todos los males. "La ley fundamental, asendereada por todos, no tenía autoridad ni ascendiente."

En su biografía de la Constitución, Rabasa sigue el cuento de la historia oficial construida por el liberalismo porfiriano. De acuerdo con ese libreto, nuestro pasado tiene constituciones nobles y constituciones indignas; dignas constituciones de progreso y constituciones aberrantes. El juicio de Rabasa sobre las cartas centralistas es particularmente severo e injusto. Sin reparar en sus componentes liberales, en su refinada maquinaria de controles, tacha la Constitución de 1836 como una extravagancia jurídica que ni siquiera merece estudio. Sólo hay espacio para la burla: las Siete Leyes son para él, involuntariamente cómicas.

Juárez le da Estado a México. Es un hombre permeable a realidad, comprende la circunstancia y se inserta con eficacia en ella: "presintió los acontecimiento que en la incubación del pasado tenían una vida latente, pronta a convertirse en fuerza y en acción y, para domi-narlos, comenzó por obedecer a la necesidad que había que producirlos". La primera virtud del político es un sentido de humildad frente a las circunstancias: El hombre de Estado no pretende subyugar la realidad; la entiende y la moldea. El entorno gritaba un reclamo: orden. Antes que cualquier otra cosa, estabilidad. Y para Rabasa, como para Justo Sierra y otros liberales de su generación, el gran obstáculo eran las ilusiones constitucionales. La Constitución de 1857 era una ley ciega: no veía ni entendía el país donde quería regir. Una Constitución hermosa e impracticable. En su desprecio por la realidad, la Constitución del medio siglo tenía un efecto terrible: en lugar de ser un instrumento para la paz, prolongaba la inestabilidad, colocando al país en un "estado de revolución latente".

Por ello llega a la conclusión de que un gobierno constitucional sería un gobierno suicida. Atarse a la Constitución era nadar con una bala de cañón atada al cuello. Lo vio Comonfort, pero no supo qué hacer para gobernar. Juárez sí supo qué hacer porque se desentendió de la ley. Escribe Rabasa:

> La Constitución, que para Juárez no podía ser más que título de legitimidad para fundar su mando, y bandera para reunir parciales y guiar huestes, era inútil para todo lo demás. La invocaba como principio, la presentaba como objeto de la lucha, *pero no la obedecía ni podía obedecerla y salvarla a la vez.*

La dictadura no fue entonces un capricho personal: fue una necesidad. "Era indispensable un presidente dictador", dice Rabasa. Lo era, porque a juicio del chiapaneco, la Constitución era impracticable. Subordinarse a la Constitución era un acto de inmolación. Casi podría decirse, parafraseando a Rabasa, que Juárez y Díaz fueron dictadores a pesar de sí mismos, forzados por una Constitución cándida y perniciosa. "La dictadura ha sido una consecuencia de la organización constitucional."

Rabasa ve demasiada metafísica en la carta del 57. Los constituyentes quisieron ser fieles a sus lecturas con la esperanza de que el país se ajustara algún día a la simetría de sus diseños benefactores. Estaban intoxicados por la filosofía política francesa. A Rabasa le irritan los extravíos literarios de los constituyentes, su falta de senti-do práctico, la subordinación de sus juicios a los principios más abstractos de la ciencia. Para Rabasa, la tarea de una Constitución no es convertir una teoría política en mandato legal, sino dar cauce normativo a la experiencia. No buscaba traducir a ley una filosofía. Quería que el derecho constitucional fuera una regla y no un estandarte. Por eso buscaba prender en la realidad misma.

Vale aquí acercarse a la obra de Walter Bagehot, de quien pesca la línea que sirve de epígrafe a su obra.

> Es necesario, dice Bagehot, que la filosofía política analice la historia política; que distinga lo que se debe a las cualidades del pueblo de lo que es debido a la superioridad de las leyes; que determine con cuidado el efecto exacto de cada parte de la Constitución, a riesgo de destruir algunos ídolos de la multitud.

Al ofrecer esta idea como clave para entender su libro, Rabasa se identificaba con la responsabilidad del sacrílego: hay que correr el riesgo de destruir ídolos populares. Walter Bagehot no fue un filósofo político que hubiera diseñado el sistema del gobierno ideal. Fue un banquero, un periodista, un abogado con buen oído literario que se adentró en los terrenos del constitucionalismo desde una perspectiva peculiar. Bagehot reivindica la libertad de la crítica, el derecho de picar con un alfiler la conciencia colectiva. Su voz no es la del profesor que dicta una cátedra; es la observación de un hombre mordaz. Su propósito al escribir *The English Constitution* fue sacar el estudio de la Constitución del territorio exclusivo de los constitucionalistas. Por entregas en *The Fortnightly Review*, Bagehot fue soltando ensayos que después integrarían su libro. Lo hizo unos cuantos años después de que John Stuart Mill publicara sus famosas *Consideraciones sobre el gobierno repre-*

sentativo, y en algún sentido, sus apuntes son una crítica al idealismo liberal de Mill.

Para Bagehot, la Constitución no puede explicarse en términos meramente mecánicos –así sea la mecánica de la razón deliberativa de John Stuart Mill. La Constitución, al ser el fundamento normativo de la dominación, se hunde en lo irreflexivo. Pensar que en la ley fundamental hay sólo poleas, resortes y tuberías es ignorar que el hombre es un animal simbólico. Bagehot, un agudo crítico literario, podía ver la política como el teatro que es.

En quien fuera editor de *The Economist* hay una vocación de irreverencia que se muestra, por ejemplo, en su reflexión sobre el carácter de los franceses y su incapacidad para ser libres. Se reirán –dice Bagehot– cuando les diga cuál es la cualidad esencial para un pueblo libre: estupidez. Los franceses tienen el enorme problema de que no pueden ser estúpidos. Hablan, se informan, discuten; todo lo cuestionan. Son incapaces de dejarse llevar por la corriente. La estupidez, esa boba costumbre de actuar como los demás, es preferible que la ebullición perpetua de opiniones que impide a una sociedad saber lo que quiere y caminar hacia donde decide. Hay naciones demasiado inteligentes para ser prácticas, e insuficientemente brutas para ser libres. Los romanos, a quienes todos atribuyen genio político, no eran especialmente brillantes. ¿Cuál es la historia de su mente especulativa? Un vacío. ¿Qué es su literatura? Una copia. Ni un descubrimiento, ni una pieza notable de imaginación. Un pueblo tonto y políticamente admirable.

¿De qué nos hablan los alfilerazos de Bagehot? De la necesidad de penetrar en el hombre antes de buscar la mecánica de las instituciones políticas. Sin comprensión de las pasiones, sin un entendimiento agudo de las miserias y grandezas del hombre, la acción y resistencia de los órganos constitucionales es un meneo sin sentido. No puede comprenderse la vida de una Constitución encerrado en una biblioteca de derecho constitucional. Si hay tantos libros malos, dice Bagehot, es porque los autores saben muy poco. Cuando un autor ha vivido encerrado en un cuarto con libros, no ha abierto los ojos para entender el mundo.

Bagehot devoró la obra de Darwin y trató de transportar los avances de la ciencia a las investigaciones sociológicas. Creyó que la ciencia, su método y su rigor podrían renovar el liberalismo y reformarlo como una doctrina viable. Su obra *Física y política* trata precisamente de encontrar las implicaciones del darwinismo al estudio de la comunidad política. Sus premisas son la evolución y la selección natural, pero la composición de la obra es, en el fondo, un estudio de la psicología social.

Lo notable de la Constitución británica es que combina una mecánica eficiente y un enigma dignificante; aparatos efectivos y rituales. Nadie entenderá el funcionamiento de las instituciones inglesas sin conocer esas dos caras. Una cara gana autoridad, la otra la usa. Una parte es teatro y la otra, palanca. La primera gana la lealtad social, la otra la utiliza para el funcionamiento del gobierno. Eso que tanto le preocupaba a Rabasa, el prestigio de las instituciones, era resuelto en Gran Bretaña por el atractivo emocional de la corona: una familia que cultiva la reverencia, que entretiene y que distrae. Una institución fácil de entender que se dedica a cultivar prestigio. La tradición monárquica puede ser muy tonta, *pero es útil*. Bagehot, el conservador era también un elitista que se oponía al sufragio universal: la democracia no es la tiranía de Nerón o de Tiberio: es la tiranía de tu vecino. Como advierte David

Easton, temía que la extensión del sufragio encumbraría a un grupo cuya incompetencia podría destruir a la nación.

Bagehot estudia con cuidado las diferencias del sistema británico y el régimen norteamericano y se percata de que, mientras en los Estados Unidos, existe una separación formal y estricta de los poderes, en el sistema inglés las funciones administrativas y legislativas se funden en el Parlamento.[11] Bagehot cuestiona así la manera de entender la organización política británica que seguía la doctrina tradicional de los pesos y contrapesos. Frente a esta visión, Bagehot subraya la fusión entre Ejecutivo y Legislativo. Esa unión era el gran secreto de la Constitución británica. Bagehot analiza los poderes simbólicos del monarca, las facultades del Parlamento y la estructuración del gobierno. Sobresale en ese análisis, el atisbo de psicología institucional. Para el constitucionalista victoriano, las instituciones no son depósitos metálicos de poder: son organismos que tienen una animación propia, que suscitan un tipo de respuesta en la sociedad, que responden a su "personalidad institucional". Mientras, la corona (depositada en una viuda retirada y un joven desempleado) ha de ser el misterio venerable, el Parlamento una asamblea de holgazanes y el Congreso un déspota vanidoso e intranquilo.

* * *

[11] Alonso Lujambio ha estudiado las ideas de Bagehot y su influencia en Emilio Rabasa en su libro *La influencia del constitucionalismo anglosajón en el pensamiento de Emilio Rabasa*, México, Escuela Libre de Derecho, Instituto de Investigaciones Jurídicas, UNAM, 2009.

En la mirada de los constitucionalistas suele haber una especie de miopía. La percepción atenta de los resortes se ve frecuentemente acompañada por una desatención a los rasgos, los estilos, las facciones de los hombres de poder. Como si les estuviera vedado detenerse en su fisonomía, desechan cualquier consideración sobre el liderazgo. Será que su celo por las reglas los conduce a pensar que ponderar el efecto de los líderes en el funcionamiento de un régimen es una liviandad o, mucho peor, un achaque caudillista: nostalgia o deseo de un salvador. Después de todo, las reglas deben diseñarse sin saber quién ocupará las sillas. Pensarlas imaginándonos adentro y afuera de los circuitos del poder. Hay que diseñar instituciones para el idiota, dice, de manera más elegante, Karl Popper. Ensamblar las instituciones de tal manera que el más abusivo sea incapaz de hacernos *demasiado* daño. Por eso el liderazgo parece asunto irrelevante para el constitucionalista común. Pero Rabasa no era de ésos: reconocía la enorme importancia del diseño institucional y se empeñó en tomarlo en serio, pero no olvidaba al agente de la política; no ignoraba pues, la responsabilidad. El institucionalista escéptico sabía que el piloto borracho puede estrellar el coche más perfecto.

Todo ello evita que Rabasa tropiece con el determinismo constitucional. No se enreda en ningún momento con la fantasía de las instituciones redentoras. Nunca imaginó que un buen diseño constitucional fuera la solución de todos los problemas del país. Su estudio de las instituciones está fundado en el escepticismo: "Todo lo hemos esperado de la ley escrita, y la ley escrita ha demostrado su incurable impotencia". La ley importa pero no tiene el poder de inventar realidades: Dice Rabasa:

> Entre el absurdo de suponer que basta una Constitución para hacer un pueblo, y el extremo de afirmar que la influencia de las leyes es nula para organizarlo, hay un medio que es el justo: la ley es uno de los elementos que contribuyen poderosamente no sólo a la organización, sino al mejoramiento de las sociedades, con tal de que se funde en las condiciones del estado social y en vez de contrariarlas las utilice y casi las obedezca.

De ahí que el máximo crítico de la Constitución de 1857 no se lance a la idea de refundar, con una nueva Constitución, la República. No piensa en la convocatoria de un nuevo constituyente que prepare, ahora sí, una carta coherente, bien escrita donde se trace correctamente el sistema de reglas e instituciones para el México real. Hacerlo sería caer en al mismo pozo. Lo que busca es, con mayor modestia, las reformas que hagan a la Constitución una norma aplicable. Entiende, como lo entendió Mariano Otero, que las constituciones no son comida rápida. Las constituciones se hacen atendiendo la historia y conociendo la experiencia de las instituciones en el mundo. Pero el ingrediente más valioso es una sustancia imponderable: el ascendiente. Bagehot hablaba insistentemente de la importancia de la veneración institucional; Mariano Otero advertía el valor de la antigüedad como prenda de prestigio. Siguiéndolos, Rabasa no apostó en ningún momento por la redacción de la Perfecta Constitución; no perdió el tiempo con constituciones ideales.

* * *

La Constitución y la dictadura está compuesto por dos partes, dos libros los llama Rabasa. El primero se titula

"La Constitución en la historia", el segundo, "La Constitución en las instituciones". Nueve capítulos en la primera sección, ocho en la segunda. Al finalizar el primer libro, Rabasa formula con claridad el elogio de la despedida. Las dictaduras favorecieron la evolución, pero no tienen ya sentido para México. Lograron la unidad nacional, pero postergaron la práctica de las instituciones. Por ello llega a la conclusión de que es hora de inaugurar una nueva era en la historia mexicana: el tiempo de la vida institucional.

> Si la dictadura fue necesaria en la historia, en lo por venir no será sino un peligro; si fue inevitable para sostener el gobierno, que no puede vivir con la organización constitucional, es urgente despojarla de sus fueros de necesidad, poniendo a la Constitución en condiciones de garantizar la estabilidad de un gobierno útil, activo y fuerte, dentro de un círculo amplio pero infranqueable.

Que el círculo ancho para fundar un gobierno, pero hermético para impedir la dictadura. El segundo libro es el compás que traza ese sello circular del poder constitucional. Una intuición marcaba su estudio: bajo el régimen democrático que tarde o temprano llegaría, la Constitución sería otra cosa. Dejaría de ser el símbolo para ser, realmente, una ley.

En 1912 Emilio Rabasa pintó a la Constitución como un enigma. "Se la amaba como símbolo, pero como ley era desconocida por todos." La Constitución de 1857 era un ídolo, no una norma. Según don Emilio, sus disposiciones ilusas quedaron aplastadas por la dura necesidad. El más grande de nuestros constitucionalistas ciertamente defendía al dictador que supo poner orden en esta tierra de anarquía, pero no sugería en forma alguna la continuación de ese régimen. Todo lo contrario: llamaba precisamente a la inauguración de la "etapa constitucional". A eso convoca su obra clásica: la instauración del régimen constitucional. Tras el fin del partido hegemónico podría decirse algo similar: la Constitución, esa desconocida. A la Constitución de 1917 se le adora, pero se le desconoce. Podríamos recitar sus artículos ignorando, al mismo tiempo, sus consecuencias. Durante años, México ha vivido la adulteración del constitucionalismo. La Constitución auténtica, es decir, la norma que funda y limita el poder político del Estado, permanece prácticamente desconocida.

Así, Rabasa nos invita a dejar de ver las piezas del orden constitucional como listones de ornamento: son armazones de una compleja maquinaria que debe integrarse en una estructura funcional. El voto no es la poción mágica de la democracia. No es el punto de llegada, sino un complicado artefacto que debe embonar con el resto del régimen. Para Rabasa, el sufragio efectivo no era asunto de aritmética sino de mecánica: el voto debía ser el origen de un gobierno eficaz. El dispositivo electoral, pues, no puede entenderse sin la debida conexión con el mecanismo gubernativo.

Rabasa rechazó el sufragio universal porque no creía que el voto fuera un derecho. Votar no es opinar: es constituir el gobierno de todos. Por eso no incumbe solamente al votante. Siguiendo a John Stuart Mill, sostuvo que se trataba de una función social y no de un derecho individual. La comunidad otorga el voto a los individuos que considera aptos para servir a los intereses sociales. No es un derecho individual como puede ser la propiedad. Uno puede hacer lo que quiera con sus naranjas: las puede hacer jugo, mermelada o tirarlas a la basura. No puede hacerse lo mismo con el voto porque no es *del* individuo: es de la sociedad y a la sociedad corresponde examinar quien merece ejercer como elector. Para que haya sufragio universal, debe haber antes, alfabeto universal. Rabasa coincide con el filósofo inglés. Y va más allá sugiriendo que el voto sin exigencias es estrategia de los demagogos que se harán con facilidad de clientelas: El peor enemigo de la democracia es el cortesano de pueblo: La universalidad del voto "revela el propósito solapado de excluir a todo el pueblo de los intereses públicos".

Evidentemente, Rabasa no estaba protegiendo al pueblo de los demagogos; quería vacunar a la nación de la ignorancia. Nunca creyó que el voto imprimiera el sello de legitimidad al gobierno. El voto echaba a andar la maquinaria, pero lo que en verdad conquistaba la adhesión popular eran los hechos.[12] Más que la competencia electoral, el consenso de la opinión pública. El constitucionalista no ocultaba su desprecio por los "inconscientes". En la mayor parte del país "el número de perros sabios es mucho mayor que el de ciudadanos conscientes de su derecho".[13] De cualquier manera, Rabasa llamaba la atención de un tema que no puede ignorarse: la debilidad del voto en condiciones de dramática desigualdad. Sobre el suelo de la desigualdad, los partidos no se empeñan en buscar el convencimiento de los ciudadanos, sino en "imponer los agentes para el fraude". Rabasa, el elitista, se atreve a preguntar: ¿qué tipo de democracia puede sostener nuestra desigualdad?

---

[12] "El único gobierno realmente popular no es el que hace la elección previa, sino el que conquista la adhesión de la sociedad por la conducta y por la obra." *La evolución histórica de México,* p. 188.

[13] *Ibid.*, p. 71.

Siguiendo a Bagehot y a Wilson,[14] Rabasa expone con lucidez la mecánica del régimen presidencial. Se trata de un sistema que dramatiza la vida institucional. Al otorgar la representación popular a dos instituciones independientes se finca, desde la ley, un "antagonismo inevitable". El libreto coloca al presidente como el adversario del Congreso y al Congreso como enemigo del Ejecutivo. El conflicto es efectivamente dramático porque no se encuentra en el repertorio constitucional no hay salida eficiente a sus pleitos necesarios. En la Constitución se instaura de ese modo la rivalidad de dos excesos: la propensión dictatorial de la Presidencia y la vocación anárquica del Congreso. Juan Linz hablaría muchos años después de la doble legitimidad de los sistemas presidenciales: en un régimen de separación de poderes, la legislatura expresa la voluntad democrática al igual que lo hace el presidente. Al no existir entre ellos subordinación legal, se traba fatalmente un conflicto de alto riesgo.

Si el exceso en México ha estado históricamente en la Presidencia, la dictadura bien puede desplazarse al otro poder. Ése es el gran temor de Emilio Rabasa: que el péndulo cambie la dictadura de uno por la dictadura de muchos. Antes de examinar sus facultades, Rabasa diagnostica los problemas de su personalidad. En él hay una desconfianza a la psique del Congreso. En las asambleas legislativas, el psiquiatra encuentra la casa de una vanidad irresponsable. Actuar y decidir sin hacerse cargo de las consecuencias. Los congresos tienden a premiar la oratoria y castigar la lógica. Son naturalmente hostiles y agresivos. El presidente que no se percate de los apetitos

[14] Para el análisis de estas infuencias, véase el libro de Lujambio, *La influencia del constitucionalismo...*

naturales de su adversario será engullido: “el terreno ganado por el Congreso no se recupera por el Ejecutivo, sino por una revolución o una dictadura”. El presidente será despojado lentamente de sus facultades hasta convertirse en un ciego ejecutor de las órdenes del Legislativo.

La estabilidad demanda un nuevo equilibrio institucional. Frente al congresismo de los constituyentes del 57, Rabasa propone nivelar el terreno en favor del presidente. Respalda al Senado como instancia de mesura dentro del Poder Legislativo y distintas medidas para acotar su esfera de acción política. Defiende un veto presidencial firme para hacer frente a las posibles invasiones del Congreso. El veto alienta la prudencia legislativa y es un mecanismo de autodefensa de la Presidencia. El presidente necesita esa protección porque el Congreso tiene la enorme ventaja de “manejar lo indefinido”.

La Suprema Corte tiene la función más alta dentro del régimen constitucional. El chiapaneco rechaza que el judicial deba considerarse un poder, pero no niega sus poderes. Por eso habla del Departamento Judicial, en lugar del Poder Judicial. A la Corte Suprema le corresponde interpretar la Constitución. Para Rabasa, al tribunal más alto le corresponde definir el sentido de cada regla constitucional. El inmenso poder que supone su supremacía constitucional exige moderación de la prudencia. A los jueces hay que sacarlos de las subastas electorales. Si queremos que conserven independencia, no pueden ser expuestos a la política de partido y a las imposiciones de la opinión pública. En el nombramiento deben intervenir el Ejecutivo y el Senado y dársele a su función carácter de inamovilidad.

* * *

Al concluir su ensayo, Rabasa celebra: ¡la nación está hecha! Los dictadores han concluido su tarea. Podría haber en el futuro una dictadura accidental y pasajera, pero ya no estará clavada en nuestra historia como una necesidad. Ahora viene el tiempo constitucional. En es-ta nueva era debe germinar, con la paciencia debida, la práctica democrática. Una Constitución sensata le abrirá espacio.

> Si la Constitución se modifica, adaptándola a las necesidades de la organización de un gobierno legal y estable, no llegaremos a la democracia de los sueños en que el pueblo todo aúna sus anhelos y su voluntad en la acción y aspiración comunes del bien, loa justicia y la verdad. Ningún pueblo de la tierra ha logrado ni logrará nunca tal perfección. No alcanzaremos tampoco el régimen ampliamente popular que ya da sus frutos en los países de más alta moralidad cívica como Suiza e Inglaterra. Pero sí nos será dado llegar a esa suerte de oligarquía democrática en que entran y figuran todos los elementos populares aptos para interesarse e influir en los negocios de la república; en que el reclutamiento de los ciudadanos depende de calidades que cada hombre puede adquirir por el propio esfuerzo que lo dignifica; en que no hay exclusivismos odiosos, sino condiciones en nombre del decoro nacional, y en que la clase gobernante acrece todos los días su número por el procedimiento automático y libre de la riqueza que se multiplica, la educación que se difunde y la moralidad que se extiende.

La fórmula de Rabasa podría parecer curiosa: "oligarquía democrática". ¿Está hablando de un círculo cuadrado? De ninguna manera. Ensaya una visión modesta de la democracia como lo que después habría de llamarse "elitismo competitivo": un método abierto a la competencia de partidos, que permite la renovación periódica de los gobiernos, la oxigenación constante de la política y la dispersión progresiva de las responsabilidades.

* * *

Entrando a los fríos invernales de 1916, Emilio Rabasa se enteraba de las desgracias de México por la prensa internacional y por las cartas de sus amigos, escritas desde la amargura del exilio. Vivía en el número 440 de Riverside Drive en el norte de Manhattan, cerca de la Universidad de Columbia. Las noticias de la revolución resonaban en su memoria como reposición del caos de las primeras décadas de vida independiente. Resentía la distancia, el frío del Nueva York y, sobre todo, esa oscuridad que caía tan temprano. El día terminaba a las 4:00 de la tarde y él no podía trabajar con luz artificial. Había tratado de aprovechar los adelantos de la noche para pensar, pero no lo había conseguido. "Pensar sin lápiz es para mí, pensar a medias."[15]

Pensar con lápiz. Ésa es la nota característica de un intelectual: leer y pensar armado de un instrumento de escritura. Por lo menos así lo piensa George Steiner, quien apuntó en *Pasión intacta:* "el intelectual es, sencillamente, un ser humano que, cuando lee un libro, tiene un lápiz en la mano".[16] El comentario que Rabasa le hace a Limantour es advertencia de un pensamiento que necesita ejercitarse en la escritura; un pensamiento se cultiva en la réplica. Tomar notas, asentar ideas, esbozar argumentos. El genio de Rabasa, sin embargo, sometió al lápiz a rigores excesivos.

---

[15] Carta del 30 de noviembre de 1916, citada por Hale, *Emilio Rabasa and...*, p. 75.

[16] *Pasión intacta,*

Emilio Rabasa, el más grande constitucionalista mexicano, el mayor de nuestros pensadores políticos, fue un intelectual de pri-mer orden capturado por los deberes del Estado. Fue un talentoso hombre de letras que escondió primero y frenó después su vocación literaria; fue un agudo escritor satírico que encapsuló su veneno, y un crítico de la política que calló demasiado en nombre del orden. Fue un crítico agudo y filoso del orden institucional pero no se atrevió a cuestionar el orden vigente. Expuso las desventuras de nuestro curso histórico, los desatinos de nuestra ingeniería política y los rezagos de nuestra cultura cívica. Embistió por igual a los ingenuos y a los demagogos y elogió a los hombres de Estado.

Pero significativamente, el hombre del lápiz rehuyó en sus escritos el tiempo presente. Sus ensayos políticos acuden a la historia y a las leyes en busca de lecciones, advertencias y recomendaciones. Dedicó su ensayo clásico al estudio de una Constitución moribunda, pero no le hincó el diente a una Constitución recién nacida. Por supuesto, sus reflexiones sobre la Constitución del 57 no eran arqueología, sino reflexión admonitoria y urgente. Pero es notable el silencio público de Rabasa frente al nuevo orden constitucional. Evitó cuestionar al régimen enemigo porque antes que intelectual se veía a sí mismo como un guardián de las instituciones y creía que su crítica podría ser perniciosa pare el orden endeble. Rabasa no se percató de los mandatos del lápiz.

Es curioso que en la serie de conferencias que impartió en la escuela que fundó,[17] desaparezca el crítico severo del régimen institucional mexicano y hable apenas un exposi-

[17] *Derecho constitucional. Conferencias dadas en la Escuela Libre de Derecho en los años de 1927-1928,* México, DF. Manuscrito.

tor que explica el contenido de cada norma de la Constitución de 1917. Se percibe, desde luego, su conocimiento profundo de la historia mexicana y su interés por examinar la legislación mexicana desde el lente de la perspectiva comparada. La ley iluminada por el pasado y el exterior. Pero ya no se percibe en esas lecciones el veneno crítico, el filo irónico, la voluntad polémica de *La Constitución y la dictadura.* No es que no exprese sus desacuerdos con tal o cual disposición, pero lo hace ya desde otro tono, en otro sitio. No es el escritorio del combatiente, sino la fría silla del profesor universitario.

El novelista sociólogo; el constitucionalista punzante; el historiador entendió como nadie la mecánica de la Constitución y sus puentes con la realidad. Curiosamente, su crítica no conjugó nunca con el tiempo presente. Nos legó, sin embargo, la crítica más severa al texto de la Constitución mexicana, y a su lectura.

* * *

José Antonio Aguilar Rivera*

La figura de Emilio Rabasa es ejemplar a la distancia por varias razones. La primera es su singularidad. Su magisterio resalta porque tuvo alumnos, mas no discípulos. No hay continuadores de su enfoque, de su ambición, en lo que hace al derecho y la historia. Rabasa tenía un método individual que no se prestaba a recetas fáciles. El jurista era también novelista y un conocedor de la historia; creía que ambas disciplinas se iluminaban recíprocamente. Me parece que Rabasa ha hecho lo que muy pocos; mirar críticamente la tradición propia sin sucumbir a la admiración simplona de lo ajeno.

En estos días es común encontrar entre lo émulos de la tradición anglosajona una admiración casi servil por el derecho consuetudinario o *common law*. El problema de nuestros países –económico y político–, aducen simplonamente, es su matriz jurídica: el derecho romano continental. Rabasa, en contraste, comprendió, primero, que para entender cabalmente la estructura legal de

* El presente texto se presentó bajo el título *Rabasa: el profeta arcaico y la independencia crítica.*

México era necesario conocer el derecho anglosajón, particularmente el norteamericano. En sus años en el exilio, Rabasa estudió el sistema legal de los Estados Unidos. Muestra de lo fértil de la comparación es su obra *El juicio constitucional* de 1919, en el cual recuperaba, del ejemplo norteamericano, la importancia de los jueces.[1]

Había mucho que aprender, parecía decir Rabasa, pero poco que *copiar,* de los Estados Unidos. El jurista no era un *fan* del *common law*, era un crítico. Como señala Hale: "Rabasa's study of and direct exposure to the U.S. legal system during his years of exile did not make him a convert".[2] Estaba alerta al peligro, señalado por los franceses, de la "legislación de jueces". También se percataba de que el sistema norteamericano, con su poderosa corte, podía ser demasiado resistente al cambio social que demandaban actores como los sindicatos.

Paradójicamente, para que la Suprema Corte mexicana pudiera desempeñar su papel político, que había sido inspirado en el ejemplo norteamericano, era necesario aceptar cabalmente que la lógica del sistema legal mexicano en su conjunto era la del derecho civil.[3] De ahí que, lejos de sugerir la transformación del derecho mexicano a alguna variedad de *common law*, Rabasa propusiera crear un tribunal de casación, a la francesa.[4] Pero lo que más me interesa

---

[1] Charles Hale, "The Civil Law Tradition and Constitutionalism in Twentieth-Century Mexico: The Legacy of Emilio Rabasa", *Law and History Review,* vol. 18, núm. 2 (verano 2000), p. 18.

[2] *Ibid.*, p. 24.

[3] "By creating a court of cassation, he concluded, the Supreme Court could be made a true power of government, essentially as it is in the U.S.; and Mexico's system of judicial review, the *juicio de amparo,* could be freed to function as it should". *Ibid.*, p. 27.

[4] Señala Hale: "he proposed, in addition to the Supreme Court, the creation of a court of cassation on the French model, a proposal replete with references to

señalar en estas breves páginas es la singularidad arcaica de Rabasa.

El profeta arcaico

En ningún país de Hispanoamérica triunfó el liberalismo de manera tan contundente como en México. Hale ha documentado con agudeza y detalle la transformación del liberalismo triunfante de la República Restaurada en el positivismo conservador de la política "científica" del periodo posterior a 1870.[5] El orden conservador que había propugnado Maximiliano de Habsburgo fue barrido por la facción triunfante. Sin embargo, la victoria de los liberales no impidió el resurgimiento de otra vertiente de conservadurismo, gestado dentro del propio liberalismo. El epítome de esta metamórfosis fue el diario *La Libertad*, en el cual colaboraron Justo Sierra y otros intelectuales prominentes. La Constitución de 1857, afirmaba Sierra, "es una 'generosa utopía liberal', pero como tal está 'destinada [...] a no poder realizarse sino lenta y dolorosamente', al igual que lo están todas las leyes pensadas para 'transformar las costumbres'". Según Hale, la "utopía" era

> ...el énfasis puesto en los derechos individuales a los que Sierra y sus colegas consideraban un dogma exagerado, arbitrario y socialmente destructor, que se basaba en la fe más que en la experiencia y en la ciencia. Toda constitución adecuada emana de la

---

French theorists, French legal history, and lavish praise for French jurisprudence, references and praise that were never explicit in his previous writings". *Ibid.*, p. 26.

[5] Ch. A. Hale, *Las transformaciones del liberalismo en México a finales del siglo XIX*, México, Vuelta, 1991.

sociedad, "una realidad –decía Sierra– a la que el derecho individual tiene que amoldarse".[6]

Un articulista del diario, Francisco G. Cosmes, argumentaba que la Constitución debía garantizar "los intereses de la sociedad, el orden y la paz y no sólo los derechos individuales".[7] Cosmes no tenía empacho en aceptar, sin ironía, la idea de una "tiranía honrada". La conclusión de Sierra y sus colegas era que los derechos del hombre estaban supeditados a los derechos de la sociedad. Los positivistas críticos de la Constitución de 1857 pugnaban por reforzar el gobierno. Según Hale,

> esa obsesión por el "reforzamiento" corría pareja con la convicción frecuentemente expresada de que México, al igual que otras sociedades latinas, tenía una proclividad histórica hacia la desorganización, la anarquía y la revolución [...] la experiencia demostró que las constituciones *a priori,* es decir, la mera imposición de principios generales, reforzaban esas desafortunadas tendencias latinas.[8]

El argumento de *La Libertad* se convirtió en un elemento muy importante de la crítica de los porfiristas al constitucionalismo doctrinario. Para Hale, esa crítica tuvo su formulación básica en el libro de Emilio Rabasa, *La Constitución y la dictadura* de 1912.[9] Para Rabasa, tanto Benito Juárez como Porfirio Díaz se volvieron dictadores

---

[6] Justo Sierra, *La Libertad,* 23 de febrero de 1878, 6 de septiembre de 1878 y 1 de enero de 1879 citado por Hale, *Las transformaciones del...* p. 90.

[7] Cosmes en *La Libertad,* 4 de enero 1879, citado por Hale, *Las transformaciones del...* p. 90.

[8] Ch. A. Hale, *Las transformaciones del...* p. 91.

[9] *Ibid.*, p. 93. Emilio Rabasa, *La Constitución y la dictadura,* México, Porrúa, 1990.

obligados por las limitaciones irreales que la Constitución de 1857 le imponía al presidente.

En suma, la clave de la transformación del liberalismo fue el surgimiento de la doctrina de la política científica, enunciada sistemáticamente por vez primera por una nueva generación de intelectuales periodistas en el diario *La Libertad.* Esta doctrina se derivaba del positivismo francés de la década de 1820 "y constituía una crítica de las ideas clásicas liberales y democráticas ahora catalogadas como 'revolucionarias' y 'anárquicas', producto de la mentalidad 'metafísica' de una era pasada".[10] El debate ideológico en México ocurrió en 1893 dentro de los términos del constitucionalismo liberal, cuando los "científicos" propusieron una reforma constitucional para lo-grar la inamovilidad de los jueces, a la cual se opusieron los liberales doctrinarios defensores de la Constitución de 1857. La reforma no fue aprobada, en buena medida, porque Díaz no la favoreció. Por ello, argumenta Hale,

> los defensores de la política científica de 1878 y sus herederos, los Científicos de 1893, deben ser considerados como constitucionalistas y no sólo como defensores del régimen autoritario de Porfirio Díaz. Su programa de 1878 consistía en reforzar el gobierno haciendo reformas a la Constitución, no en descartar o subvertir a la Constitución en nombre de la ciencia. Un mandato presidencial más largo, derecho de veto de suspensión, sufragio restringido, conservación del Senado, Vicepresidencia autónoma y tenencia de sus cargos a perpetuidad para los jueces: estos cambios harían que la Constitución se apegase a la realidad social y evitarían tener que suspenderla en momento de crisis.[11]

Mi impresión es que lo que se observa en México y otras partes de América Latina en las últimas tres décadas

---

[10] Ch. A. Hale, *Las transformaciones del...* pp. 399-400.

[11] *Ibid.*, p. 401.

del siglo XIX, es un fenómeno ideológico complejo. Este fenómeno consiste en una recuperación anacrónica de los argumentos empleados por los fundadores del gobierno representativo. Si bien el positivismo proveyó explicaciones que justificaron en términos sociológicos las medidas institucionales restrictivas, como el sufragio censatario y el fortalecimiento del ejecutivo, en realidad muchas de las ideas de los "nuevos liberales" son las ideas ortodoxas que se formularon a finales del siglo XVIII y principios del XIX cuando se inventó el gobierno representativo.[12] El positivismo parecería ser aquí secundario o accesorio. En los alegatos de Sierra y Rabasa se escuchan ecos muy claros de Madison y Hamilton, Constant y otros.[13] Por ejemplo, el Senado no sólo fue propuesto y defendido por Montesaquieu en *El espíritu de las leyes*, sino por los federalistas. El derecho al veto del Ejecutivo era parte de la versión más exitosa de la doctrina de separación de poderes, los pesos y contrapesos, adoptada por la Constitución de los Estados Unidos. El voto censatario fue defendido por Constant, el autor "doctrinario" más influyente en la primera mitad del siglo XIX en América Latina. Me parece un error considerar las ideas de Rabasa, y muchas de los autores de *La Libertad,* como alejadas del constitucionalismo clásico. En todo caso, son anacrónicas para el siglo XX, pues se sustrajeron a la influencia del liberalismo democrático de la segunda mitad del siglo XIX preconizado

[12] Para comprender la reinterpretación que propongo, es clave el libro de Bernard Manin, *The principles of representative governemnt,* Cambridge, Cambridge University Press, 1995. [Bernard Manin, *Los principios de gobierno representativo,* Madrid, Alianza, 1998.]

[13] He desarrollado esta tesis en otro lugar. José Antonio Aguilar Rivera, *En pos de la quimera. Reflexiones sobre el experimento constitucional atlántico,* México, CIDE/FCE, 1999.

por J.S. Mill y otros. La recuperación de estos argumentos, estrictamente clásicos, de la historia del liberalismo constitucional, me parece, en ocasiones, más significativa para los alegatos de estos intelectuales que los alegatos sociológicos inspirados en el positivismo. Tal vez, lo que ocurrió fue una recuperación anacrónica de los principios del gobierno representativo y no una transformación del liberalismo clásico en positivismo como plantea Hale. Por ejemplo, Rabasa parecería escribir en 1812 y no en 1912, cuando afirmaba:

> los pueblos, cuanto menos cultos, más se asemejan a los niños. [...] Si en México se diera el caso de una elección realizada por el sufragio universal, el primer cuidado del gobierno de ella emanado (si pudiera subsistir) sería impedir que semejante fenómeno pudiese repetirse; porque el sufragio universal es el enemigo necesario de todo gobierno establecido, el desorganizador de todo mecanismo ordenado...[14]

Según Rabasa,

> el principio verdaderamente democrático de sufragio universal, consiste en extender el derecho al voto al mayor número de miembros del cuerpo social, calificados por su aptitud y sin hacer exclusiones por motivos de nacimiento, condición social o pecuniaria o cualquiera otro que constituya privilegio.[15]

Rabasa no estaba a favor de una restricción de propiedad, sino solamente de una calificación de alfabetismo:

> el requisito de saber leer y escribir no garantiza el conocimiento del acto electoral, pero da probabilidades de él y facilidades de adquirirlo [...] ninguna calidad restrictiva más liberal que ésta a

[14] E. Rabasa, *La Constitución y la dictadura*, p. 119.

[15] *Ibid.*, p. 128.

que nos referimos, puesto que puede adquirirse con facilidad y en unos cuantos meses...[16]

Y proseguía Rabasa:

El progreso de la instrucción, que en los últimos veinte años ha sido notable, aumentará de día en día el cuerpo elector y ampliará el régimen democrático natural y espontáneamente. Así pasó en Inglaterra con el requisito de la renta [...]El sufragio que los principios democráticos implican, no es el sufragio *derecho del hombre,* atribuido a todos los habitantes ni a todos los nativos, ni siquiera a todos los varones mayores de edad; sino el sufragio *derecho y función política,* garantía de la comunidad, que debe extenderse a todos los que, y sólo a los que, tengan el conocimiento de la función bastante para sentir la responsabilidad de ejercerla. A esta condición se acerca en lo posible la restricción de saber leer y escribir...

El punto es que Rabasa no necesitaba recurrir a Comte o Spencer para justificar su rechazo al sufragio universal; tan sólo debía echar un vistazo a Benjamin Constant. Sus argumentos son muy parecidos; en 1815 Constant pensaba que para ser miembro de la asociación política,

es necesario poseer cierto grado de entendimiento y un interés común con otros miembros de la asociación. No se considera que los hombres debajo de la edad legal posean ese grado de entendimiento. Los extranjeros no se guían por ese interés [...] quienes son mantenidos en la pobreza y en eterna dependencia, que se encuentran condenados a ellas por el trabajo diario, no tienen más conocimiento sobre los asuntos públicos que los niños y no están más interesados en la prosperidad nacional que los extranjeros, cuyos elementos ignoran y en cuya ventaja participan sólo indirectamente [...] Debe haber una condición adicional a aquellas prescritas por la ley del naci-

[16] *Ibid.,* pp. 129-130.

miento y la edad: esta condición es el ocio indispensable para la adquisición de entendimiento y solidez en los juicios. Sólo la propiedad hace a los hombres capaces de ejercer derechos políticos.[17]

Cuando Rabasa afirmaba que

> ...la libertad ideal del ciudadano en la elección, prácticamente se reduce a la libertad de escoger el partido en que quiera inscribirse y a quien ha de someterse; conserva el derecho de votar, pero ha perdido el de elegir.

Sólo recuperaba la lógica de lo que Manin ha llamado acertadamente el principio aristocrático de "distinción", presente en la fundación del gobierno representativo, según el cual los gobernantes debían ser distintos a los electores. La ciudadanía, que en tiempos clásicos consistía como pensaba Aristóteles, en saber gobernar y ser gobernado, se transformó en el derecho *a consentir* a los gobernantes a través de elecciones populares.[18] Así, lo

---

[17] Benjamin Constant, "On the conditions of property", *Principles of politics applicable to all representative governments* en Benjamin Constant, *Political Writings,* Cambridge, Cambridge University Press, 1988, pp. 213-215. No concuerdo del todo con la distinción que propone Hale entre constitucionalismo doctrinal e histórico. Según Hale, el doctrinario, "reflejaba la creencia de que la adhesión rígida a los preceptos del documento escrito, por general o abstracto, podía garantizar la realización del orden constitucional. Los doctrinarios constitucionales a menudo adoptaron una posición política democrática o radical, creyendo que era necesario cambiar a la sociedad para que que adecuara a la Constiución. Los constitucionalistas históricos o tradicionalistas arguyendo que la Constitución debía reflejar la realidad histórica o social, trataron de cambiar aquellos preceptos que hallaban abstractos o irrealizables en México. Tendían a ser políticamente moderados o conservadores y socialmente elitistas". Hale, "The Civil Law Tradition", en *op. cit.*, p. 6. Difícilmente Constant y Tocqueville inspiraron al constitucionalismo histórico mexicano, como propone Hale.

[18] B. Manin, *Principles of politics...*, en *op. cit.*, pp. 92-98, 99-102.

que parecemos observar es una curiosa *regresión,* o restauración ideológica. ¿Cómo ocurrió?

La explicación, tal vez, es que Rabasa se inspiraba, a su vez, en otro autor anacrónico: Walter Bagehot. No es claro si Rabasa leyó directamente a Bagehot o si llegó a él mediante otro autor que ciertamente sí leyó: Woodrow Wilson. En cualquier caso, en su obra *La Constitución inglesa,* publicada en 1867, Bagehot aconsejaba que Inglaterra no prosiguiera con la extensión progresiva del sufragio iniciada con la reforma de 1832.[19] Se trata de un alegato contra la teoría abstracta, en la línea de Burke. Para Bagehot, el "secreto eficiente" de la Constitución inglesa era la *unión* de poderes. Contra lo que indicaba la teoría política de Montesquieu, el secreto era "la estrecha unión, de la fusión casi completa del Poder Ejecutivo y Legislativo" en el gabinete. La soberanía no estaba divida en Inglaterra. Ésa era, adujo, su virtud sobre el sistema presidencial, que a menudo quedaba entrampado en la división de poderes. Irónicamente, justo cuando el libro veía la luz ocurría una reforma que ampliaba aún más el sufragio masculino en Inglaterra.

Para Bagehot, la teoría "ultra democrática" que criticaba, no sólo entorpecería la marcha del gobierno parlamentario, sino que lo aniquilaría.[20] Esta teoría afirmaba "que todo hombre de veintiún años de edad –y quizá toda mujer de la misma edad– debería tener el derecho a votar sobre una base de igualdad, en las elecciones del Parlamento".[21] La consecuencia sería que "las gentes ricas o instruidas no tendrían, según la ley, un derecho superior de voto al de las

---

[19] Walter Bagehot, *La Constitución inglesa,* trad. Adolfo Posada, estudio introd. Alonso Lujambio y Jaime Martínez Bowness, México, UNAM, 2005.

[20] *Ibid.*, p. 127.

[21] *Idem.*

gentes pobres o al de las gentes estúpidas: además no habría modo alguno adecuado para asegurar a los primeros un influjo que equivalga a varios votos". El Parlamento acabaría por estar compuesto de "los representantes enviados por el populacho de las ciudades" y por los representantes "del populacho agrícola".[22] Cada una

> ...de esas dos categorías de representantes hablaría un lenguaje distinto; no se comprenderían, y los únicos representantes que desplegarían actividad serían gentes sin moralidad; elegidos por medio de la corrupción, tratarían de aprovecharse de su situación para reponer con creces el capital que hubieran gastado.[23]

Bagehot encontraba que los prejuicios de una amplia representación eran incompatibles con los principios del parlamentarismo inglés:

> si es verdad que el gobierno parlamentario sólo es posible cuando la inmensa mayoría de los representantes se componen de gentes moderadas, sin diferencias marcadas, sin prejuicios de clases, ese Parlamento ultra-democrático sería incapaz de sostener al gobierno, porque los miembros que comprendería deberían su posición, los unos a elecciones que habrían ahogado violentamente, bajo la presión del número, en los campos y las ciudades, a una minoría interesante, y los otros a prácticas inmorales.[24]

Según Lujambio, el libro de Bagehot es "un clásico que nació caduco. Su publicación coincidió con el 'salto en la oscuridad' de Disraeli que, de manera abrupta, y definitiva, finalizó con ese periodo clásico de gobierno parlamen-

---

[22] *Ibid.*, p. 128.

[23] *Ibid.*, pp. 128-29.

[24] *Ibid.*, p. 129.

tario que Bagehot analizó y admiró".[25] Tal vez, el mayor mérito del libro es describir la Constitución inglesa como funcionaba, justo antes de 1867, con un espíritu pedagógico. Ésta es una interpretación "realista", opuesta a la teoría "literaria" de la Constitución. Es notable que Rabasa, en 1912, tomara ideas que ya en 1867 eran anticuadas. Alonso Lujambio hace una defensa de este anacronismo que es intelectualmente sugerente aunque tal vez no del todo convincente. El argumento es atendible: para Rabasa la mezcla de profunda desigualdad social y sufragio efectivo en México era (¿es?) problemática. Así, "la terrible desigualdad decimonónica mexicana y el sufragio universal produjeron, querámoslo o no, una percepción cultural de la política electoral que costó ¿un siglo? Comenzar a demoler".[26]

---

[25] Alonso Lujambio y Jaime Martínez Bowness, "Estudio introductorio", en *ibid.*, pp. IX-L.

[26] Alonso Lujambio, "Estudio introductorio", en Woodrow Wilson, *El gobierno congresional. Régimen político de los Estados Unidos*, México, UNAM, 2002, p. 184, pp. XI-XLI.

Pablo Mijangos*

En poco menos de tres años, México estará celebrando dos siglos de vida independiente y ya de paso el primer centenario de la Revolución maderista. Ya se ven venir, de un modo casi ominoso, los montones de discursos oficiales, los nuevos libros y documentales sobre los héroes de siempre, las inauguraciones de rascacielos o de otros monumentos de menor calado, los honores a la bandera, los conciertos de quiosco, el ruido de las matracas en el Zócalo y el Ángel, y todos los demás gestos de euforia patriótica que suelen acompañar a estos festivales de la memoria. A unos años, pues, de tan esperado reventón colectivo, el ITAM nos ha invitado a recordar la obra de Emilio Rabasa, novelista y abogado chiapaneco que nació y murió entre cambios revolucionarios, y que fue –como pocos– alérgico al sentimentalismo patriótico y a todo lo que terminara despertando a la odiosa "bola". No sé si es coincidencia accidental, o si esta invitación refleja la vocación reaccionaria y tecnócrata de mi *alma mater*, pero encuentro curioso

* El presente texto se presentó originalmente bajo el título *Lecciones de aguafiestas.*

que en medio de los preparativos del Bicentenario se nos haya convocado a repasar las lecciones de un aguafiestas. Y a buena hora, quizás, porque tantos años de transiciones, pre-campañas, post-campañas y gobiernos legítimos nos han servido de pretexto para refugiarnos en lo inmediato y evitarnos la pena de pensar la política en serio. Es mucho lo que debe rescatarse de Rabasa para una época como la nuestra, y mucho también lo que tenemos que desaprender de él. Como historiador me he sentido muy tentado a escribir una ponencia sobre la significación de la obra rabasiana en el contexto literario y político en que se escribió, o bien sobre su influencia en el constitucionalismo mexicano posrevolucionario. Más modestamente, sin embargo, he decidido limitarme a esbozar unas notas sobre los dos pilares metodológicos del pensamiento de don Emilio: el rigor y la precisión en el uso del lenguaje, y la lectura histórica y pragmática de las instituciones jurídicas. Ambos pilares explican, a mi parecer, la inusual solidez intelectual de su obra, y su actualidad en pleno siglo XXI. Suspendamos entonces por un momento la fanfarria conmemorativa y atendamos una vez más las lecciones elementales de este agudo jurista porfiriano, quien aún sigue teniendo mucho que enseñar a los abogados en ciernes del presente.

Al igual que otros notables pensadores mexicanos del siglo XIX –liberales y conservadores por igual–, don Emilio Rabasa sumó a la abogacía y el servicio público los oficios de hombre de letras. Rabasa sabía lo suyo de derecho, pero también de contar historias y ensayar ideas en la novela, en la cátedra y el periodismo. Esta variedad de ocupaciones literarias no es un dato secundario. Don Emilio participó de la obsesión de su tiempo por la palabra escrita, y ello porque en el siglo XIX, más que en ninguna otra época, las grandes luchas políticas se plantearon antes que nada como guerras por darle un significado auténtico a las palabras. La "república de las letras" era un campo de batalla crucial en tanto que constituía el espacio donde, a partir del lenguaje y el pensamiento, se trazaban las fronteras de lo políticamente posible. Tal como nos recuerda Pierre Rosanvallon, ya desde los tiempos del Terror jacobino hubo observadores que atribuyeron los excesos de la política democrática a los extravíos semánticos introducidos por la pasión revolucionaria. Robespierre y sus amigos, decía el diputado Edme Petit, no sólo desparramaron el desastre, la incertidumbre y la ignorancia en todas partes, sino que "introdujeron en el lenguaje una infinidad de palabras nuevas, de denominaciones con las cuales designan a su voluntad a los hombres y las cosas según el odio o el amor del pueblo engañado". Es por esta misma razón que Camile Desmoulins, un republicano radical que terminó por ser una más de las tantas víctimas de la palabra extraviada, afirmara que para hacer valer las libertades era primero indispensable hacer una confrontación permanente entre las palabras y las cosas que implican: "el [verdadero] carácter de la democracia –subraya– es llamar a los hombres y a las cosas por su nombre".[1]

---

[1] Edme Petit, Discurso del 28 de fructidor, año II (14 de septiembre de 1794), y Camille Desmoulins, *Le Vieux Cordelier*, núm. 7, ambos citados en Pierre Rosanvallon, *Por una historia conceptual de lo político*, Buenos Aires, Fondo de Cultura Económica, 2003, pp. 58-60. Sobre las "guerras de palabras" del siglo XIX, véase también, Daniel T. Rodgers, *Contested Truths. Keywords in American Politics since Independence*, Cambridge, Harvard University Press, 1987; Mauricio Tenorio Trillo, *Argucias de la historia. Siglo XIX, cultura y "América Latina"*, México, Paidós, 1999; Eduardo García de Enterría, *La lengua de los derechos. La formación del derecho público europeo tras la Revolución Francesa*, Madrid, Alianza Editorial, 1994; y Javier Fernández Sebastián y Juan Francisco

Emilio Rabasa, testigo desde su infancia de los estragos de la guerra civil, hizo suya esta preocupación por devolver al lenguaje su papel de antídoto contra los excesos de las pasiones y la Revolución. Sus alumnos, de hecho, recordaban en él a un maestro de exposición lenta y difícil, irónicamente a causa de su perfeccionismo y su "profundo sentido de responsabilidad de la palabra". Según apuntan Jorge Gaxiola y Felipe Tena Ramírez, "había momentos" en que Rabasa "suspendía su exposición para encontrar el vocablo justo", pues en lugar de aceptar sin más "la palabra gris", el maestro "buscaba difícil y ahincadamente la palabra selecta, la que por precisa e inviolada expresa la idea mejor que ninguna otra".[2] Rabasa se formó literariamente en el clacisismo francés y en los grandes autores del Siglo de Oro español. Como buen hijo del siglo XIX, en su juventud había reputado como infalible al *Arte de hablar en prosa o en verso* de José Gómez Hermosilla, un popularísimo manual publicado en 1826 que enseñaba con precisión las normas para aprender a bien expresarse.[3] Y en sus estantes tenía a la mano, además de su obligado ejemplar del *Diccionario de la Academia*, las obras de fray Luis de León y fray Luis de Granada, a Quevedo, a Calderón y a Moratín, y por supuesto al *Quijote*, este último su "libro de cabecera" por haber sido Cervantes quien llevó la lengua castella-

---

Fuentes (dirs.), *Diccionario político y social del siglo XIX español*, Madrid, Alianza Editorial, 2002.

[2] Jorge Gaxiola, "Emilio Rabasa, el jurista y el hombre", en *La crisis del pensamiento político y otros ensayos*, México, Librería de Manuel Porrúa,1956, pp. 245-246; Felipe Tena Ramírez, *Silueta de don Emilio Rabasa*, México, Cultura, 1935, pp. 37-38.

[3] Ángel Pola, "En casa de las celebridades. Emilio Rabasa" (20 de septiembre de 1888), entrevista reproducida en *Literatura Mexicana*, vol. XIII, núm. 1, Centro de Estudios Literarios/UNAM, 2002, p. 224.

na a su perfeccionamiento.[4] Nos dicen los estudiosos de su obra literaria que el estilo de Rabasa era "extremadamente estudiado y preciso".[5] Mientras que nunca dejó de reprobar la verbosidad excesiva de las novelas románticas, Rabasa alentaba el uso de un lenguaje conciso, elegante y enérgico, apoyado en la lógica y en los datos de la experiencia.[6] De ahí nace su repulsión por la prensa de su época, cuyo sensacionalismo y poco apego a la verdad no tenían otro objeto que explotar la "excitación popular".[7] En un párrafo memorable de su novela *El cuarto poder*, Rabasa describe el modo en que el uso de una retórica fácil y salpicada de vaguedades podía servir para maquillar la ignorancia y la manipulación. Cito las palabras de Sabás Carrasco, el personaje que Rabasa utiliza para ilustrar la verdadera labor de los periodistas:

> Es muy sencillo el trabajo [...] ya se sabe que nuestra regla es defender al Gobierno, elogiar sus actos, aplaudir todas las disposiciones; y cuando la materia de éstas es de esas muy enredadas que no se entienden, se escribe en términos generales [...] Por ejemplo, se trata de una ley sobre la deuda pública, o sobre cosa semejante, que yo no entienda, ni siquiera leo, porque es larguísima y cansada. Pues entonces digo que los beneficios de la ley son innegables y que demuestran la clara inteligencia, profundos conocimientos y patrióticas miras del ministro del ramo; que ya se hacía indispensable esa ley para el sostenimiento del crédito nacional; y otras frases así, amplias y que sin duda vienen como de molde.[8]

---

[4] *Ibid.*, pp. 215 y 220. Véase también, Marcia A. Hakala, *Emilio Rabasa. Novelista innovador mexicano en el siglo XIX*, México, Porrúa, 1974, pp. 10 y 11.

[5] M. A. Hakala, *Emilio Rabasa...*, p. 12.

[6] *Ibid*, p. 147.

[7] Emilio Rabasa, *La evolución histórica de México*, México, UNAM/Miguel Ángel Porrúa (Biblioteca Mexicana de Escritores Políticos), 1986, pp. 216-218.

[8] E. Rabasa, *El cuarto poder*, México, Porrúa, 1985, p. 23.

Y es que Rabasa añade a la responsabilidad de la palabra la responsabilidad en la observación. Es bien sabido que nuestro autor fue uno de los introductores del realismo en las letras mexicanas. Para Rabasa, la tarea del novelista no consiste en imaginar situaciones inverosímiles y lacrimógenas, tan propias del gusto romántico. Al contrario, la ficción puede ser útil y didáctica en tanto la narración obedezca a la "fuerza de las cosas" y a un estudio penetrante del corazón humano.[9] Por ello Rabasa admiraba especialmente a Benito Pérez Galdós, pues en la obra del novelista español no había invención ni sensiblería, sino "observación profunda y dolorosa".[10] Rabasa pone en práctica los principios del realismo en su quinteto novelístico, donde disecciona la realidad mexicana de finales del siglo XIX con la mirada analítica de un sociólogo y la elegancia e ironía que distinguen a un buen escritor. Sin temor a las consecuencias que su crítica al régimen pudiera ocasionarle, Rabasa retrata en sus novelas un México no muy lejano al nuestro, rezagado a causa del analfabetismo, la ignorancia generalizada, el abuso de poder, los influyentismos, el peculado, la grosera incompetencia de los servidores públicos, y la degeneración de las costumbres sociales. Ante todo, el México de Rabasa dista mucho de ser la patria de leyes y principios inquebrantables imaginada por la utopía liberal. En el México porfiriano existe un abismo insalvable entre la realidad y la norma, y por ley natural es la realidad la que

[9] *Cfr.* Elliot S. Glass, *México en las obras de Emilio Rabasa*, México, Diana, 1975, pp. 126-130.

[10] E. Rabasa, "Otra vez Miau", *El Universal*, suplemento literario del jueves, 6 de septiembre de 1888, citado en M. A. Hakala, *Emilio Rabasa. Novelista...* p. 48.

termina imponiéndose. Lo dice sin rodeos el imaginario gobernador Sixto Liberio Vaqueril, uno de los maestros de la "gran ciencia" de ganar el poder sin perderlo nunca:

> Ustedes, los jóvenes, salen del colegio muy satisfechos de sus teorías, y se creen capaces de gobernar al mundo; pero en la práctica se estrella todo eso [...] Aquí es necesario hacer lo que conviene y nada más; aquí no venga con leyes porque no se puede gobernar con las leyes, sino que muchas veces es preciso hacer otra cosa.[11]

Así como Rabasa aspira a una novela que retrate objetivamente la realidad, sin perjuicio de una correcta expresión literaria, así también propone una jurisprudencia realista, capaz de ofrecer soluciones objetivas a los problemas jurídicos. Este constante anhelo de una jurisprudencia científica es una de las razones que lo llevaron a abandonar la Universidad Nacional y a parti-ci-par en la fundación de la Escuela Libre de Derecho. En 1925, al cumplirse los primeros trece años de vida de dicha institución, Rabasa puso en claro que, a su parecer, la verdadera Universidad se caracteriza por ser una "entidad neutral, serena como la ciencia que es su objeto; abstraída por el trabajo, y como capaz de ignorar las tempestades exteriores, mientras estudia, enseña e investiga".[12] Jorge Gaxiola recuerda que uno de los primeros consejos

---

[11] E. Rabasa, *La gran ciencia*, México, Porrúa, 1983, p. 229.

[12] E. Rabasa, *Discurso pronunciado por el rector Sr. Lic. Emilio Rabasa en la ceremonia conmemorativa del XIII aniversario de la fundación de la escuela, celebrada en el salón de actos del Casino Español de la Ciudad de México, el día 26 de julio de 1925*, citado por Jaime del Arenal, "Un rector y una escuela liberales: Emilio Rabasa y la Escuela Libre de Derecho", en Josefina Vázquez (coord.), *Recepción y transformación del liberalismo en México. Homenaje al profesor Charles A. Hale*, México, El Colegio de México, 1999, p. 75.

que le dio su maestro de derecho constitucional fue el de aproximarse a la norma con la frialdad de un médico forense, totalmente ajeno al influjo de las pasiones y los intereses de partido. Según Rabasa, era imprescindible tomar

> ...los problemas jurídicos de frente, con [una] serenidad que raye en [la] indiferencia científica, con la falta de escrúpulos meticulosos y la supresión del pudor con que el médico manosea el cadáver desnudo y abre las entrañas, en busca de una verdad útil para el hombre.[13]

En otras palabras, Rabasa pedía a sus alumnos que abandonasen las alabanzas hipócritas a una Constitución inoperante. La norma fundamental no debía ser vista como un símbolo sagrado, ya de la nación o de la historia mexicana, sino como un problema a resolver.

Rabasa elabora un primer ensayo de jurisprudencia realista en su estudio sobre el artículo 14 constitucional, publicado en 1906. En dicha obra, Rabasa ejemplifica los desórdenes que el mal uso del lenguaje puede introducir en la realidad. A su parecer, el origen del rezago judicial –que ya entonces era uno de los principales obstáculos para la pronta impartición de justicia– se encontraba en una mala traducción de la quinta enmienda a la Constitución de Estados Unidos y en la negligencia gramatical de los constituyentes de 1857. Mientras que el texto norteamericano demandaba únicamente que a nadie se le privara de su vida, libertad o propiedades "sin el debido proceso legal", el artículo 14 mexicano había impuesto el requisito de que dichas privaciones se atuviesen a una exacta aplicación de la ley. Según Rabasa, este ligero

---

[13] J. Gaxiola, "Emilio Rabasa, el jurista...", en *op. cit.*, p. 245.

cambio en las palabras tuvo dos consecuencias funestas en la práctica judicial. En primer lugar, el control de la legalidad impuesto por el artículo 14 provocó que la Suprema Corte desperdiciara la mayor parte de su tiempo juzgando la exacta aplicación de la legislación común, esto es, haciendo labores propias de un mero tribunal de casación, en lugar de consagrarse exclusivamente a la interpretación de los preceptos constitucionales. En segundo, y como consecuencia del anterior, el artículo 14 terminó por desvirtuar la naturaleza original del juicio de amparo, que en los hechos no era otra cosa, sino una tercera instancia de las controversias ordinarias. Rabasa concluye afirmando que la única solución para este grave problema consistía en reescribir nuevamente el artículo 14, de modo que su redacción fuese ahora:

> breve y clara, ciñéndose a la expresión sencilla de la idea del precepto americano [...]: exigir como garantía de la vida, la libertad y la propiedad, la resolución jurídica que resulta de un proceso. Cómo ha de ser el proceso, lo dirán las leyes de cada jurisdicción, y ellas darán los medios de corregir los abusos y los errores de los jueces.[14]

La crítica de Rabasa a la Constitución de 1857 no se agota, sin embargo, en una mera diatriba contra el mal castellano empleado por sus redactores. El problema fundamental de la Constitución era mucho más complejo, pues su ineficacia derivaba en último término de una mala observación de la realidad sociológica de México. El error de los constituyentes no sólo había consistido en hacer un mal uso de las palabras, sino en haber atribuido

[14] E. Rabasa, *El Artículo 14. Estudio constitucional*, México, Porrúa, 1955, p. 126.

a éstas un poder mágico para corregir de un solo golpe el rumbo de la historia. *La Constitución y la dictadura*, obra escrita por Rabasa a los pocos meses de la caída de Porfirio Díaz, parte de la constatación de un hecho esencial: el México liberal había depositado sus esperanzas en el derecho escrito y éste había demostrado ya su debilidad incurable. En este libro importantísimo, Rabasa une la labor historiográfica al tradicional ejercicio de la dogmática constitucional. Esta metodología se asienta en dos premisas cuya verdad debiera resultar casi obvia: así como la historia independiente de México resulta incomprensible sin tomar en cuenta la historia de sus instituciones, así también el estudio de éstas pasa necesariamente por el examen de su desenvolvimiento histórico. Mas en este punto debemos hacer un paréntesis. Cuando Rabasa habla de unir el conocimiento jurídico al conocimiento histórico, no está sugiriendo que el derecho constitucional sea una especie de unidad orgánica que se forma a través de todo el pasado de la nación, tal como creían Savigny y los demás autores de la escuela histórica alemana, ni tampoco está resucitando el viejo concepto de una "Constitución histórica" o "social", desarrollado hacía un siglo por Burke, Capmany, Jovellanos y Joseph de Maistre. Rabasa no busca extraer la esencia constitucional de México mediante el estudio de la historia, sino más bien mostrar la necesidad de adaptar la Constitución a la dinámica infalible del progreso social, según era ésta entendida por la filosofía positivista.

Los biógrafos de Rabasa nos dicen que don Emilio recibió la influencia del positivismo desde sus años de estudiante en el Instituto de Ciencias y Artes de Oaxaca. Los seguidores de esta corriente filosófica, además de postular la superioridad incontestable del método científico, afirmaban que la historia humana avanzaba irremediablemente hacia un destino promisorio, según los dictados de las "leyes del desarrollo social".[15] Al positivista ciertamente no le interesaba abordar cuestiones metafísicas sobre la existencia o la ilusión del libre albedrío. La marcha del progreso era inexorable, y si el estadista tenía alguna responsabilidad frente a ella, ésta era la de obedecer fielmente los mecanismos y condiciones de la evolución social. Los positivistas creían que todas las naciones habrían de llegar tarde o temprano a una condición final de unidad y armonía, mas no llegaron a sostener que los ritmos del progreso serían idénticos en todas las latitudes. Cada pueblo precisaba de una organización política distinta, acorde con su estadio de desarrollo específico. Fiel al credo positivista, Rabasa afirma en *La Constitución y la dictadura* que la legislación civil "es uno de los elementos que contribuyen [más] poderosamente no sólo a la organización, sino al mejoramiento de las sociedades, con tal de que se funde en las condiciones del estado social y en vez de contrariarlas las utilice y casi las obedezca".[16] El error de los constituyentes de 1857 fue precisamente no haber hecho caso a este principio elemental de prudencia política. En lugar de ajustar la Constitución a la realidad histórica del pueblo mexicano, los liberales doctrinarios prefirieron armar un hermoso catálogo de buenos deseos, que si bien satisfizo "la tranqui-

[15] Sobre el positivismo, véase Leszek Kolakowski, *The Alienation of Reason: a History of Positivist Thought*, Garden City, Anchor Books, 1969; Leopoldo Zea, *El positivismo en México*, México, FCE, 1968; y Charles A. Hale, *The Transformation of Liberalism in Late Nineteenth-Century Mexico*, Princeton, Princeton University Press, 1989.

[16] E. Rabasa, *La Constitución y la dictadura. Estudio sobre la organización política de México*, México, Porrúa, 1976, p. 66.

lidad de su conciencia", no pudo servir para garantizar el orden y la unidad del Estado.[17]

Rabasa subraya dos problemas particularmente graves de la Constitución de 1857. El primero es la inclusión del sufragio universal, el fruto más visible del sentimentalismo de los constituyentes. El goce de los derechos políticos, advierte Rabasa, debió estar reservado a la parte consciente de la nación, es decir, a los ciudadanos capaces de comprender el significado de su participación en la vida pública. "Las masas ignorantes no gobiernan en ninguna parte", y el concederles el sufragio sólo sirvió para abrir las puertas del gobierno a demagogos sin escrúpulos, cuya única pericia era la de saber explotar los errores y las preocupaciones del vulgo.[18] El segundo de-satino del constituyente, en estrecha relación con el anterior, fue el haber establecido "la primacía de un poder legislativo unicamarista sobre un débil poder ejecutivo". Rabasa observa una fuerte propensión de la asamblea al avasallamiento de los poderes rivales, la cual era el resultado natural de haber imaginado al legislativo como el representante único de la "infalibilidad incorruptible de la voluntad del pueblo".[19] Enfrentados a una ley suprema que consagraba los principios de la anarquía, los presidentes liberales no tuvieron otra opción que la de "ejercer un poder omnímodo y extralegal". La dictadura fue entonces la consecuencia necesaria de la organización constitucional, y fue gracias a ella que el general Díaz pudo favorecer "el desarrollo de la riqueza pública", garantizar el trabajo al que aspiraban "los pueblos cansados de revueltas", y realizar la obra "ya necesaria y supre-

---

[17] *Ibid.*, p. 82.

[18] *Ibid.*, p. 4, 117-137.

[19] *Ibid.*, pp. 138-151 y 242.

ma, de la unidad nacional".[20] Pese a todo, *La Constitución y la dictadura* no se trata de una simple apología del porfiriato. Su llamado final no es a la restauración de un régimen del pasado, sino a la superación del desequilibrio de poderes que le dio origen. A la dictadura habría de seguirle la etapa constitucional, asentada en el gobierno de una "oligarquía democrática", en el cumplimiento de las leyes y en la estabilidad de las instituciones.[21]

No pretendo concluir mi ponencia juzgando los méritos de la interpretación histórica de Rabasa, cosa que por demás ya hizo Daniel Cosío Villegas en su brillante ensayo sobre *La Constitución de 1857 y sus críticos*. Más bien, prefiero insistir de nueva cuenta en los elementos metodológicos de la obra de Rabasa que aún pueden ser relevantes para una mejor comprensión y ejercicio del derecho. En primer lugar, me parece que la obsesión rabasiana por el uso correcto del lenguaje debería ser, también hoy, una de nuestras preocupaciones principales. Hace ya mucho tiempo que la literatura jurídica mexicana dejó de formar parte de la república de las letras, aislándose en una prosa a veces impenetrable y repleta de arcaísmos, y otra lindante con lo cursi y el mal gusto. La democracia exige de nuestros abogados un nuevo lenguaje, que prescinda de formalismos inútiles y favorezca la comprensión de las reglas que nos obligan a todos.[22] No se trata ya de exigir elegancia y concisión en el estilo, como hubiera querido Rabasa, sino de reclamar un mínimo de lógica, pulcritud y transparencia en el lenguaje forense y en los textos legislativos. El pro-

---

[20] *Ibid.*, pp. 111-112.

[21] *Ibid.*, pp. 244-246.

[22] *Cfr.* Catalina Kühne Peimbert, *Lenguaje judicial y transparencia*, México, Suprema Corte de Justicia de la Nación, 2006; y Genaro R. Carrió, *Notas sobre derecho y lenguaje*, Buenos Aires, Abeledo-Perrot, 1965.

blema, por desgracia, va mucho más allá de unas clasecitas de gramática para juristas remisos. Tal y como sostiene Mauricio Tenorio, la oscuridad y la pobreza en la expresión son apenas el reflejo de un "abandono intelectual inmisericorde" entre los abogados mexicanos.[23] Son contadas las escuelas que han sabido combinar el estudio riguroso del derecho con el acercamiento a otras disciplinas sociales y humanísticas. La triste realidad es que la abogacía en México sigue siendo una "profesión perdida en el pasado", e irónicamente uno de los ambientes intelectuales donde más se ha resistido la puesta al día en la enseñanza y en el uso de la historia.

Muchas veces se ha dicho que Rabasa fue uno de los grandes maestros del derecho constitucional mexicano del siglo XX, pero lo cierto es que ninguno de sus discípulos mantuvo en su obra el enfoque histórico-comparativo de *La Constitución y la dictadura* o *El artículo 14*. La dogmática constitucional mexicana, cuando no fue una alabanza retórica de las "decisiones políticas fundamentales" del Constituyente de 1917, se redujo a un mera exégesis del texto de la Constitución, proscribiendo así cualquier referencia extra-normativa del estudio del derecho.[24] La historiografía jurídica mexicana siguió un cauce similar, pues, salvo contadas excepciones, se limitó al estudio de los

[23] Mauricio Tenorio, "Una profesión perdida en el pasado", en *La Barra. Revista de la Barra Mexicana, Colegio de Abogados, A.C.*, núm. 7, 10 de marzo de 1995.

[24] *Cfr*. José Ramón Cossío Díaz, *Dogmática constitucional y régimen autoritario*, México, Fontamara, 1998; Martín Díaz, *Emilio Rabasa, teórico de la dictadura necesaria*, México, Escuela Libre de Derecho, 1991, esp. pp. 30-31; y Charles A. Hale, "La tradición del derecho constitucional europeo y el constitucionalismo en el México del siglo XX: el legado de Emilio Rabasa", en *Historia Mexicana*, vol. XLVIII, julio-septiembre, 1998, núm. 1, pp. 114-119.

ancestros venerables de nuestras instituciones, ofreciendo a lo mucho una breve sinopsis de leyes y constituciones antiguas. Al divorciar el derecho de su contexto histórico, se asumió que las normas jurídicas son un objeto de estudio abstracto y atemporal, y que la historia social y política de México podría ser explicada sin hacer referencia al derecho, cuyo único papel sería en todo caso el de legitimar formalmente una realidad moldeada por fuerzas económicas profundas. Para colmo de males, los juristas mexicanos mantuvieron vivo el peor de los legados de Rabasa y de la filosofía positivista, que fue su lectura teleológica de la historia nacional. A veces resulta imposible encontrar un solo texto de derecho constitucional mexicano donde no se repita la cantaleta de que nuestra Constitución actual es el fruto de un gran Acuerdo Histórico que ha padecido y superado tres etapas sucesivas: la carta federalista de 1824, la liberal de 1857 y la social de 1917. Los libros de texto de historia del derecho ampliarían un poco este relato del desenvolvimiento de la esencia jurídica de México, construyendo una historia igualmente teleológica donde entran lo mismo los aztecas que el padre Hidalgo y por supuesto el presidente en turno.

Creo que ya es hora de escribir y enseñar una historia del derecho que no sea tan sólo un relato legitimador del orden jurídico presente.[25] Es hora de tomarnos en serio lo que José Antonio Aguilar ha insistido tantas veces: al día de hoy no contamos con una historia crítica del constitucionalismo mexicano, que refleje las posibilidades, errores y aciertos de los diversos arreglos institucionales

[25] Sobre la historia del derecho como "relato legitimador", véase Carlos Garriga, "Historia y derecho, historia del derecho", en *Istor. Revista de Historia Internacional*, CIDE, año IV, número 16, primavera del 2004, pp. 3-8.

que se han presentado en el devenir del México independiente.[26] A mi parecer, el rescate de la historicidad del derecho es uno de los pasos imprescindibles para devolver a la ciencia jurídica el prestigio y el poder explicativo que tuvo algún día. El derecho es creado y aplicado por hombres que viven inmersos en un tiempo y espacio determinados, y en él se recogen una multiplicidad de experiencias culturales, políticas y sociales. Sin dar cuenta de ellas, es imposible entender cabalmente su significado y sus objetivos, su eficacia o las causas de su fracaso, su permanencia o sus transformaciones. Para no quedarnos en el recuerdo nostálgico de los clásicos de la ciencia constitucional mexicana, como don Emilio Rabasa, es necesario que hagamos nuestra su amplitud de miras y su ambición intelectual. A fin de cuentas, y como dijera el gran Francisco Tomás y Valiente, si se quiere ser un verdadero jurista y no un simple conocedor de las normas vigentes, carente de juicio crítico alguno, se "debe pensar" con una conciencia histórica del derecho y de su evolución. La historia no ha sido el fuerte de los juristas mexicanos, pero nada impide que algún día lo pueda volver a ser.

[26] *Cfr.* José Antonio Aguilar Rivera, *En pos de la quimera. Reflexiones sobre el experimento constitucional atlántico*, México, FCE, 2000; y también de su autoría, *El manto liberal: los poderes de emergencia en México*, UNAM/Instituto de Investigaciones Jurídicas, 2001.

Jesús Silva-Herzog Márquez

Maestro en Ciencia Política por la Universidad de Columbia, Nueva York. Licenciado en Derecho por la Universidad Nacional Autónoma de México. Es profesor en el Departamento de Derecho del Instituto Tecnológico Autónomo de México.

Ha sido investigador invitado de la Universidad de Georgetown y del Woodrow Wilson Center for International Scholars. Colaborador del diario *Reforma* y otros diarios del interior de la república. Es parte del consejo editorial de la revista *Nexos* y ha sido colaborador de la revista *Isonomía*.

Ha publicado:

–*Esferas de la democracia,* México, IFE, 1996
–*El antiguo régimen y la transición en México*, México, Planeta, 1999
–*Andar y ver*; *El equilibrista* – UNAM, 2005
–*La idiotez de lo perfecto*, México, FCE , 2006

José Antonio Aguilar

Doctor y maestro en Ciencia Política por la Universidad de Chicago. Licenciado en Relaciones Internacionales por el Colegio de México. Profesor-investigador en el Centro de Investigación y Docencia Económicas (CIDE).

Fue profesor visitante en la Liberty Fund Inc, Indianapolis, Indiana, EUA. Miembro del Sistema Nacional de Investigadores y del Centro para el Desarrollo Democrático del Instituto Federal Electoral. Becario de la fundación J. William Fulbright Scholarship Board. Miembro del comité editorial de *Istor*, *The Tocqueville Review* (*La revue Tocqueville*), *Metapolítica* y la colección de sociología y derecho del Fondo de Cultura Económica.

Ha publicado:

–*La sombra de Ulises: ensayos sobre intelectuales mexicanos y norteamericanos,* 1997.
–*Cartas mexicanas de Alexis de Tocqueville,* 1999.
–*El fin de la raza cósmica: consideraciones sobre el esplendor y decadencia del liberalismo en México*, México, Océano, 2001.

–*El manto liberal: los poderes de emergencia en México: 1821-1876*, México, IIJ-UNAM, 2001.
–*El republicanismo en Hispanoamérica. Ensayos de historia intelectual y política*, México, FCE/CIDE, 2002. Rafael Rojas (coord.)
–*México: crónicas de un país posible*, México, FCE, 2005.
–*Transparencia y democracia*, IFAI, 2006.

PABLO MIJANGOS

Doctor en Historia por la Universidad de Texas, en Austin. Licenciado en Derecho por el Instituto Tecnológico Autónomo de México. Profesor-investigador en el Centro de Investigación y Docencia Económica (CIDE).

Fue profesor en la Escuela de Derecho y del De-partamento de Historia de la Universidad de Texas, en Austin. Ha sido acreedor a becas del Consejo Nacional de Ciencia y Tecnología (Conacyt) y del E.D. Farmer International Fellowship.

Ha publicado:

–*México en sus libros* (coautor Enrique Florescano), México, Taurus, 2004.
–"De jacobinos, nacionalistas y reaccionarios. Dos acer-camientos a la historia religiosa del siglo XIX", en *Istor. Revista de Historia Internacional*, núm. 25, México, 2006, pp. 146-154.
–"Las vías de lo legítimo: derecho natural y estado católico en la obra de Clemente de Jesús Manguía", en *Cuadernos del Instituto Antonio de Nebrija*, núm. 9, España, 2006, pp. 151-221.

Lectura contemporánea de los clásicos

¿Por qué leer a Alamán hoy?
Andrés Lira, Catherine Andrews, Josefina Z. Vázquez

¿Por qué leer a Bentham hoy?
José Juan Moreso, Germán Sucar

¿Por qué leer a Ferguson hoy?
Isabel Wences, José Hernández Prado, Julio Beltrán

¿Por qué leer a Mill hoy?
Mark Platts, Miguel Carbonell, Juan Carlos Geneyro

¿Por qué leer a Rousseau hoy?
Antonella Attili, Luis Salazar Carrión, Julieta Marcone

¿Por qué leer a Smith hoy?
Alfonso Ruiz Miguel, Isaac Katz, Pablo Larrañaga

¿Por qué leer a Tocqueville hoy?
Roberto Breña, Claudio López-Guerra, Jesús Silva-Herzog Márquez

¿Por qué leer a Weber hoy?
Nora Rabotnikof, Ulises Schmill, Gina Zabludovsky

¿Por qué leer El Federalista hoy?
Juan F. González Bertomeu, Gabriel L. Negretto, Andrea Pozas-Loyo

Otros títulos publicados

Amor platónico
Hans Kelsen

Análisis de un examen estandarizado
José Manuel Casillas Domínguez

Derechos humanos. Un camino hacia la pacificación
Julio Cabrera Dircio

Experiencias adversas de la seguridad del paciente
Rosa Ortiz Rivera

Nuestros niños sicarios
Elena Azaola Garrido

En guerra por la vida. Crisis climática y transformación social
Josep Cabayol

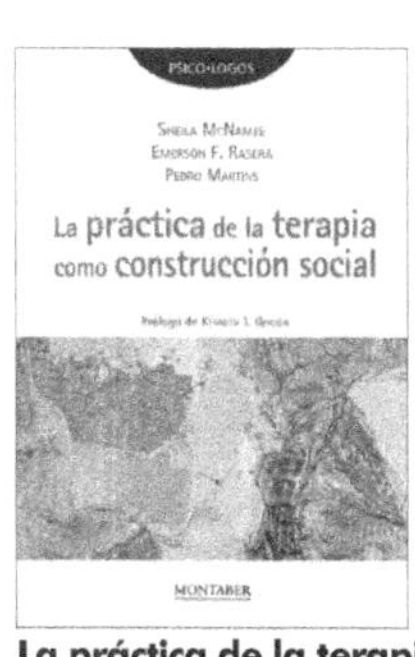

La práctica de la terapia como construcción social
Sheila McNamee, Emerson F. Rasera, Pedro Martins

El imperativo relacional Recursos para un mundo al límite
Kenneth J. Gergen

Ideología y opiniones Estudios de psicología retórica
Michael Billig

www.ingramcontent.com/pod-product-compliance
Lightning Source LLC
La Vergne TN
LVHW010116170826
845678LV00012B/2443

9788410238541